絲みち

吉住小三代

春風社

絲みち

まえがき

小学生のころ、夏休みやお正月に「田舎へ帰るのよ」とのお友達の話題に、うらやましく思っておりました。

父も母も生粋の江戸っ子で、父方の祖父母は格式高き「能」の家の人。母方のお祖父ちゃんたちは、火消しの鳶《とび》職、「ひ」と「し」の区別がつかない人々。山の手と下町が私の身体に半分ずつ詰まっています。そんな私には、美しき里山や海辺での祖父母との生活のある田舎は、憧れでした。

私にとって「懐かしい場所」は、と考えたとき、能楽堂かなと思いました。本文でお話しする二つの能楽堂が私のふるさとの景色です。

このたび、この本の出版のお話をいただき、心の奥にある思い出を一つ一つ見つめ直す機会を頂戴したのかと、そして少し特殊な環境での一生をお伝えすることで、女性の眼から眺めた古典芸能の世界と、その未来を考えることができたらと考えました。

人生の最終の時期に当たって本を出させていただくことは、恥ずかしい気持ちと、嬉しい、幸福感の入り交った心境でございます。

能の家を裏から支えた家族。長唄の家へ嫁ぎ、女性でも表舞台で仕事ができる幸せのなかでの、家族や流儀に対する妻・母としての使命感。ご縁をいただいて参加したソロプチミストというご奉仕の世界で、新しいものの見方を教えてくれた女性たちの広い生き方。その影響を受けてＮＰＯ法人を立ち上げ、三味線音楽を後の世に継続させる重要性に気付かされたこと等々。

ただ三味線を弾くことが好きで嫁ぎ、母から口癖のように言われた「婚家のために力を尽くしなさい」との言葉のまま、日々を紡いで参りました。

生涯をかける仕事の一つとなっておりますご奉仕活動の道すがら出逢った及川京子さんに勧められ、ペンをとらせていただきました。

数多くの素晴らしい方々との出会いという僥倖を得て今日に至った女の軌跡に、お付き合いいただけたらと存じます。

まえがき …… 4
対談 坂東眞理子×吉住小三代
伝統と生きる――女性の歩む道 …… 11
長唄とはなにか …… 14
能の家と長唄の家 …… 18
NPO法人での活動 …… 23
リーダーシップ …… 27
文化を伝えるために …… 29
教育と師弟関係 …… 31
一 能の家に生まれて …… 35
梅若家とそのルーツ …… 36
空襲と疎開 …… 37
戦後の生活 …… 40
子ども時代 …… 41
記憶のなかの二つの能楽堂 …… 43
能の家のしきたり …… 45

季節の行事……47
虫干し　稽古　稲荷まつり
梅若家の人々……50
父　母　姉たち　おじ・おば
祖父・祖母　弟

二　植え替えられるように……63

吉住家とそのルーツ……64
結婚の経緯……65
結婚式……66
長唄の家へ嫁いで……69
夫・六代目吉住小三郎……70
夫とのエピソード　父として
吉住家の人々……77
義祖父・慈恭さん
義祖母・ハマさん　義父と義母
三味線と自立……86
吉住家の女性たち……87

伝統のなかで生きる……88
結婚とは……90
変化と柔軟性……92
女性の美しい時期……93
出産と子育て……94
子育てを振り返って……96

三　芸と継承……101

芸を磨く……102
技術と模倣　経験　感性と間《ま》　名人慈恭
長唄は一人ではできない……108
長唄のお稽古……110
師匠として……112
望まれる師匠……113
古典芸能の世界における女性……114
芸を愛した女性たち……116
白洲正子さん　武原はんさん　遠藤順子さん
研精会と吉住会……120

普及活動（ＮＰＯ）とその成果・・・・ 122
学校での活動　ＩＮシリーズ
イベント　ＮＰＯ活動について
海外公演・・・・・・・・・・・ 130
ベルギー・オランダ　台湾・故宮博物院
パリ・オデオン座　イギリス
ウズベキスタン・青の広場　海外公演を経て
伝統とは何か・・・・・・・・・ 138
これからの長唄に向けて・・・・・ 140
自分の役割　長唄人に向けて
長唄に興味をもった方へ

四　女性とご奉仕・・・・・・・・・ 147
ソロプチミストとは・・・・・・・ 148
世界に向けての活動・・・・・・・ 149
地域での活動・・・・・・・・・ 150
会員と例会・・・・・・・・・・ 153
多様性と問題解決能力・・・・・・ 155

リーダーシップ……157
「ご奉仕」の心……158
女性とご奉仕……159

私の好きな長唄研精会の曲……163

解説・聞き手　細谷朋子

一　熊野……165
二　鳥羽の恋塚……171
三　紀文大尽……177
四　都風流……183
五　笠地蔵……189

能大夫のお家から長唄のお家元に嫁がれた才媛
（山本東次郎）……195

あとがき……199

対談　坂東眞理子×吉住小三代

伝統と生きる――女性の歩む道

坂東眞理子（左）と吉住小三代（右）

坂東　よろしくお願いします。私もそうですが、長唄の世界のことは読者のみなさんも知らないことが多いですよね。いろいろなお話をうかがえたらと楽しみにしています。

吉住　はじめに、この本のタイトル「絲《いと》みち」についてお話しいただけますか。私の指を見てください。左人さし指の先が固く、爪に溝ができているでしょう。三味線を弾くとき、ここに弦が通ります。これを「糸道」とか「糸爪」とか呼びます。糸道がつかないと三味線は弾きづらいのです。

坂東　日々の研鑽の証ですね。

吉住　指だけでなく、身体のほうも、三味線の胴があたるところはくぼんできます。左腕にも畳屋さんのようなアザがありますよ。

坂東　三味線に馴染む体つきになられていくのですね。その道で一芸に達するまでには、多くの積み重ねがあるのだなと思います。三味線はいつごろから弾かれているのですか。

吉住　中学生のころからです。生家はもともとお人寄せが好きな家でした。能の家ですが、父は歌舞伎がとても好きで、稲荷祭などのおもてなしとして自分で素人歌舞伎をやることもありました。戦争が終わり、派手なことはできなくなってしまって、では三味線を弾いてみなさまをおもてなししようと。家に先生が出稽古にいらして、はじめはいやいやながら、私もお稽古をさせられました。

◆長唄とはなにか

坂東　長唄とはどういう音曲ですか。

吉住　三味線と唄からなる日本の音楽には清元、常磐津、義太夫、小唄など多くの種類があります。長唄はそのうちの一つです。そして長唄には専門分野として唄方と三味線方があり、私は三味線の演奏家です。

坂東　ルーツは歌舞伎の伴奏音楽でしょうか。

吉住　いろいろな説がありますが、その影響は強いと思います。

坂東　三味線といえばお座敷、花柳界のイメージもありますね。

吉住　ええ。三味線のそのような面がことさらピックアップされることがありますす。それを一般家庭で弾ける、日本の家庭音楽にしようと努力したのが私の義祖父である四代目吉住小三郎、すなわち吉住慈恭でした。私たちは、そのような、家庭で楽しめる三味線音楽を目指している流れなんです。家庭で、一人一人が日本人としてのアイデンティティを大切にしながら、自国の楽器に触れてほしいと思っています。日本人は大人でもなかなか自国の古典について知らないし、話すこともできませんから。外国の方のほうがむしろ知っているくらいです。

坂東　日本の文化に興味を持っている外国の方は、本当に詳しいですよね。外国の方と付き合うとき、「日本人だからこそ」ということができると尊敬されますね。

邦楽の世界一般に言えることですが、普通の方が楽しむにはハードルが高いイメージがあります。たとえば楽譜がないとか……。

吉住　いまは実はあるんですよ。楽譜とテープがあって、短時間で弾けるようになります。かつてはそういうのは邪道だといわれていましたが、ずいぶん時代が変わって。たとえば学校の音楽の先生なら、二〇分で三味線で「さくらさくら」を弾けるようになりますよ。楽器に慣れていない学生さんでも四〇分ほどあれば。

坂東　一時間以内で！　信じられません。

吉住　できるようになるんです。坂東さんも始めませんか？（笑）

坂東　そうですね（笑）。私の友人にも三味線を趣味にしている方がいますが、正座をするのがつらいと言っていました。昔は畳の上で手をついて挨拶をしたり、正座をしたりということが生活のなかで身についていましたが、現代ではむずかしいですよね。

吉住　私たちのところでも場合によっては椅子を使っています。畳の文化にも少しずつ触れてほしいですし、ちゃんと正座を身につけていただきたいという気持ちもありますが、足が痛むせいで楽器を操ることができなくなっては元も子もありませんから。

坂東　三味線は、棹や糸にも種類がいろいろありますよね。和服やお茶もそうですが、伝統のあるものは「こうであるべきだ」という規範が強く感じられて、素人は尻込みしてしまいがちです。

吉住　たしかに、ひとくちに三味線といってもいろいろなジャンル、そして文化があり、それに応じて決まりごともありますね。
ただ、私はいま、「三味線音楽」を目指しています。ジャンルや種類は何でもいいので、とにかく三味線を持ってほしい。和服でもなんでも、伝統的なものに少しずつ触れるチャンスを作って経験してほしい。そしてその延長線上に和楽器があってくれればと願います。日本人に生まれたからには一度は三味線に触っていただきたいのです。

◆能の家と長唄の家

坂東　吉住さんは梅若家（詳しくは40頁）にお生まれになったそうですね。芸能のなかでも、とりわけ能の世界というのは本当に男系の、男子の世界ですよね。

吉住　まったくその通りです。

坂東　そこから長唄の吉住家へ嫁がれた。伝統芸能の世界では、男性が主役で女性はサポーターとしての役割を期待されるというイメージがあります。吉住さんは能と長唄のお家を両方経験しておられますが、そのふたつは違いましたか。能は伝統芸能のなかでももっとも格式があり、長唄はどちらかといえば庶民的な感じかなと思うのですが。

吉住　先ほどお話ししたようにいやいや始めた三味線ですが、だんだん好きになってきました。そんなとき、吉住家の家元との結婚で長唄の家へ嫁ぎました。その当時、周りの方は「植え替えられるように」なんておっしゃいましたね。確かに能の家と長唄の家は違うところもありましたが、若い私にとっては、人が多い家という意味では同じでした。

坂東 お弟子さんたちがいて、いつも人が出入りしている。現代の普通の家ではなかなか味わえない環境ですね。

吉住 そうです。大勢の人たちがいるなかで過ごすのは、慣れと申しましょうか、嫌いではなかったですね。それに、長唄には女性が主役になれる環境がありました。白洲正子さんが能舞台に上がられて以来、現在ではだんだん状況は変わってきていますが、当時は能の舞台に女性が上がることは考えられなかった。女性は「奥さま」として、能楽師である夫の付属物のような存在であることがあたりまえでした。

坂東 なるほど……。相撲でも、女性は土俵に上がってはならないといいますね。

吉住 能はまさにそういう世界でした。それに対して、長唄ならば、自分が演奏家として主役になれる。そのようにして自立したい、自分で糧《かて》を得たいと思いました。夫も女性に自立を求める人で、そのことも後押しとなりまし

吉住小三代

坂東眞理子

たね。

坂東　私は、男と女には特性に差があると思います。三味線を弾くにしても、男性の力強い演奏はやはり女性とは違う。長唄の世界でも、人間国宝になったりしてトップで活躍する人には男性が多いですし、男性が仕切って引っ張ったほうがうまくいくこともあると思います。しかしそのようななかで、きめ細かく、周りの人を注意深く導き、弟子を育て、芸を伝え次世代につなげていくことは女性の役割ではないかと考えています。サポートし、プロデュースすることですね。加えて、先ほどもお話ししたように、長唄ならば自分自身が演奏することもできますし。

男性はのめりこむとそれだけしか見えなくなってしまうところがありますものね。吉住さんは監督かつ演出家、かつプレイヤーをなさっている。長唄をやってこられて、女性であることで苦労されたことはありますか？

吉住　能の世界ほどはないですね。ただ、新しいものを押しとどめようという空気といいますか、三味線の練習をわかりやすくするため、また短時間で成果を出すために洋楽の音階を用いることなどが、邪道なことと批判される土壌はありました。でも、生意気にも、長唄を支えているのは私たち女だとの自負がありましたから、ここまでへこたれることなくやってくることができました。私が鈍感なのかもしれませんが……。

坂東　たしかに、お琴やお茶、お花などの伝統芸術はみな女性に支えられていますね。

吉住　これは坂東さんの世界とは違うかもしれませんね。坂東さんはいかがでしたか。

坂東　キャリア官僚は、なによりも仕事の結果を出すことが重要です。その意味では性差はなかったかもしれません。また私は本も書いていますが、読者は直接私の姿を目にするわけではないので、性差は表てに出ません。しかし個性の一つとしては影響する。芸術でも絵画は、作品や表現は本人から独立して存在する部分が大きいですよね。でも舞台上で演奏する方は、表現だけではなくその人自身を見せる部分も大きいのではないかと思います。

吉住　たしかにそうですね。舞台の上で演者がどう見えるか、そして自分をどう見せるかは重要なところです。たとえば私は、演奏のときによく見える部分なので、腕や手はきれいにしようと心がけています。毎日ハンドクリームを塗ったりして。

◆ＮＰＯ法人での活動

坂東　三味線を弾けるようになるには、小さいときに触れたほうがいいのでしょうか。

吉住　できればそのほうがよいですが、大人になってからで十分間に合いますよ。三味線はわりと大きな楽器なのであまり身体が小さくても弾けません。プロになるつもりなら、始めるのに適しているのは小学校五年か六年、そして中学生でしょうか。私たちは「ＮＰＯ法人 三味線音楽普及の会」として活動していますが、そこでも、学校での活動は小学校高学年から中学生くらいの子どもを対象としています。

坂東　学校教育の現場でどの程度三味線は取り入れられていますか。三味線を教えることのできる先生は多くないでしょう。

吉住　おっしゃる通りです。私たちのＮＰＯでは、講師を養成して学校現場に派遣しています。いまでは自分で授業を持てる音楽の先生も少しずつ出てきています。

坂東　層が広がってきたんですね。

吉住　全国で延べ一二万人くらいの子どもに教えたことになります。学校で教える他に、愛知万博の「子どもサミット」や、東京スカイツリーのオープンのときには子どもたちと演奏するイベントも行いました。こちらもかなり盛り上がりましたね。

坂東　みんなでやるのは楽しいし、気持ちがいいですものね。

吉住　ＮＰＯではまず三味線に触れてもらうことを目標にして、これはずいぶん

坂東　成果が出たと思います。次の段階としては、三味線との出会いをきっかけに、継続して、上達してもらいたい。これはなかなか難しいことですが。子どもサミットで出会った子たちが、成長し、いまでは教える側になっているのを見るのは本当にうれしいことです。

吉住　先ほどのイベントのお話のように、発表する楽しさも味わってもらえるといいですね。

坂東　本当に。練習してきたものを発表して、周りに褒めてもらえると、励みになりますものね。NPOでの活動は二〇〇〇年からやってきました。NPOというかたちにしたのは、中曽根康弘さんと与謝野馨さんからアドバイスをいただいたからです。ある席で同席した折、こういうことをやりたいとお話したら、それならNPOだよって。これからもしばらくは自分が先頭になってやりたいですね。

NPOという制度ではいろいろなことができるたてまえになっていますが、芯に確固としたものを持ってやっていくのはなかなかできないことだと思います。

吉住　その他、大人の方たちに生の演奏を聴いていただく機会としては、「ＩＮシリーズ」というものをはじめました。「ＩＮどこどこ」ということでいろいろな地方へ出向いてミニライブを開き、ご希望の方には三味線などの実体験もしていただきます。これまで新潟や神戸、高知など一〇か所ほどを回り、お客さまには喜んでいただいています。こちらも成果は出ていると感じています。

坂東　コンサートとなるとハードルが高いと感じても、そのようなイベントへは足を運びやすいですね。長唄を身近なものにしようと吉住さんは新しいことをどんどんなさっているのですね。お茶やお花の会でともに演奏するというのも楽しそう。

吉住さんが新しいことをするのにご家族やご親戚、周りの方々はどうおっしゃいますか？

吉住　夫はとても理解があり進歩的な人で、その点で本当に私は恵まれていました。夫と私とは、お互いのやることに干渉しないようにしていましたね。もちろん、周りにはいろいろ言う人もいましたが……。また、いまでは娘や息子も私のやりたいことを理解し、協力してくれています。そして、何よりもスタッフの献身によって私の活動は支えられています。本当に感謝しています。

◆リーダーシップ

吉住　私は三味線の演奏家としての活動の傍ら、「ソロプチミスト」という女性だけのボランティア団体に所属しています。私の自己形成はここでの活動によるものが大きいです。メンバーには女性経営者が多く、みなそれぞれ歩んできた道の経験に裏付けされた問題解決能力を持っている。やっぱり業種によって、得てきているものも違うんですね。異業種の、しかも個性の強い方々と交流できたことで、目からうろこが落ちると思うことが多くあり、たくさん学ばせていただきました。

坂東　「リーダーシップ」について考えるとき、昨今では、ぐいぐい周りを引っ張るリーダーだけでなく「奉仕するリーダー」という像が取り上げられるようになっています。引っ張り上げるのではなく下から支えていく、奉仕によって周りの人を育てるというスタイル。吉住さんはそのようなスタイルをもったリーダーなのかな、とお話ししていて感じます。

吉住　確かに、さまざまな女性たちの育つ機会を設けたいと思っています。すてきな女性たちがたくさん世に出ると、世の中もっとよくなるのではないかと。

坂東　「女性は家のなかのことだけをやるべきだ」という考え方も、ずいぶん変わってきました。女性が自分のもてる力やエネルギーを自分の子を育てることだけにしか注ぎ込まないのは、世の中にとってよくないことですね。

◆文化を伝えるために

坂東　吉住さんはさまざまな活動をされていますが、これは長唄という文化を次世代に引き継がなければならないという一種の危機感からきているのでしょうか。

吉住　危機感は強いです。まず三味線という楽器自体も、あと何年続けていくことができるのか……。三味線は、いまはほとんど輸入した素材で作っているんです。胴に使われている木材や皮に用いる猫の皮は現在では手に入れるのが難しいし、撥《ばち》は取引が禁止・制限されている象牙です。いまは猫の代わりにカンガルーや羊を使うことも研究中です。

坂東　カンガルー！　たしかにオーストラリアではカンガルーが増えて困っていると聞いたことがあります。それを使っていこうとしているとは。バイオリンは名品とされるものは何百年も受け継がれて弾かれていきますが、三味線はそのように長く使っていくことはできないのですか。

吉住　できないでしょうね。撥は欠けるたびに削っていく必要がありますし、どんなに手入れをしても手の汗でだんだん黄ばんでいきます。棹も、紅木という希少な素材で作られているのですが、弾いているうちにだんだん細くなってしまう。皮も湿気等で破れ、張り替えます。三味線は消耗品なんです。そんなふうに、まず楽器の問題があります。
さらに長唄を演奏する人自身が育たないという問題があります。多様な楽しみがたくさんある現代では長唄を趣味として習う人口も減少し、それに伴って、プロとして活動する人も減っています。

坂東　楽器の問題、演奏家の問題。そして聴き手の問題もありますか。

吉住　ありますね。昔は耳の肥えたお客さんがたくさんいらっしゃいました。厳しい感想や批判もたくさんいただいて。いまではそういうことがなくなってしまいました。伝えていくということは、本当に難しいです。

坂東　文化は聴衆が育てる面も大きいですよね。いまは危機感という理由をうかがいましたが、新しい挑戦をいろいろやっていらっしゃるのは逆に、新しいものが好きだからというのもあるのではないですか。

吉住　それはあります。反応や手応えのある結果が得られたときは楽しいです。自分はすべてにいいかげんなのでしょうか。一つのことを完璧にするというよりも、いろんなことをやってみたい。

坂東　やることは七〇パーセントから八〇パーセントでいいと、私も思っています。一〇〇パーセントでなければと思うと、なにもできなくなってしまうので。楽観的でないと新しいことはできないですね。

◆教育と師弟関係

坂東　文部科学省の学習指導要領には「創造性」という言葉があります。しかしこの創造性を育むということは難しい。私は創造性をもつにはまず型をもつことが大事だと思います。その上に少し個性を加えることこそが創造性です。

吉住　私は教育者として、「言われたことをできる人になりなさい」と前は言っていましたが、いまでは、「言われたことに、自分がしたいことを少し付け加えることのできる人」になってほしいと思っています。自分がしたいことをするだけではだめで、言われたことをきちんとやった上で、ということです。吉住さんのいらっしゃる、長唄、伝統芸能はまさにそのような「型」を大事にする世界かと思うのですが。

坂東　そうですね。一般的な長唄のお稽古は、古典の名曲をマスターするところから始まります。お教えしていて思うのは、教わる一方でなく、人に教えることによって、自分も育つということです。

学生を見ていてもまさにそう思います。教員が学生に一方的に教えるよりも、学生同士で、先輩が後輩に教えるほうが効果が上がる。教えることで、自分のできないことが自分でわかるんですよね。また、人に教えると、伝えることの難しさを実感します。伝わらないと、そこで諦めてしまいがちですが、それでも諦めずに伝えようとしつづけることも大切ですね。

吉住　どの世界でも同じですねえ。

坂東　長唄のお弟子さんでは、長いお付き合いになる方もいらっしゃるのではないでしょうか。

吉住　長唄の師弟関係は一生ものです。九〇歳以上の、五〇年続いている弟子の方々もいますよ。みなさんと家族ぐるみで仲よくさせていただき、お子さんやお孫さんの成長していく姿を見ることもあります。三代にわたって三味線を続けている方もいるんです。

坂東　そういうお家では、きっと三味線の音が日常になっているんですね。

吉住　福沢諭吉さんの家では、娘さんも長唄を習っておられ、長唄がいつも流れていたそうです。彼はとくに「娘道成寺」が好きで、それをＢＧＭにすると書き物がとてもはかどったとか。お客様があるときには若き日の吉住慈恭も呼ばれて演奏していたそうですよ。長唄がそのように、家庭でいつも演奏し、聴くような音楽になればと願っています。

坂東　吉住さんにお会いして本当にすてきな方だと思いました。長唄の世界に関

吉住　して勉強させていただき、ありがとうございました。
リーダーシップについてのお話がとくに印象に残り、坂東さんならではのお話をうかがえました。ありがとうございました。

坂東眞理子（ばんどうまりこ）
昭和女子大学理事長、総長。一九四六年富山県生まれ。東京大学を卒業後、総理府に入省。初代内閣府男女共同参画局長を務める等、官僚として多くの女性政策をリードした。退官後、昭和女子大学教授、女性文化研究所長、学長を経て二〇一六年より現職。ベストセラー『女性の品格』（ＰＨＰ新書、二〇〇六年）をはじめ著書多数。

一
能の家に生まれて

幼児期のおぼろげな記憶から、吉住家へ嫁ぐまで、能の家での生活とそこにいた方々について振り返りたいと思います。

梅若家とそのルーツ

私は能の梅若家に一九四〇年に生まれ、そこで育ちました。

梅若家というのは、能のシテ方観世流の家で、奈良時代前期の官人・橘諸兄《たちばなのもろえ》（六八四〜七五七年）がルーツです。もともと京都の梅津の地に住み、その地名を名乗っていましたが、一五世紀に「芦刈」という能を舞い、若いのに優れているということで「若」の一字を後土御門天皇より賜り、梅若を名乗るようになったそうです。近世には織田信長や徳川家康らの権力者に庇護され、江戸時代には観世大夫のツレを務める家として公認されていました。

私の生家は梅若の本家で、その当主は代々「梅若六郎」と名乗りつづけてきました。父は五五世梅若六郎、八歳下の弟は五六世梅若六郎（梅若玄祥）です。

私の曽祖父にあたるのが、五二世梅若六郎、すなわち初代梅若実（一八二八～一九〇九年）です。彼の日記は『梅若実日記』として出版されております。彼は、札差業の鯨井家から一八三六年に能楽師として梅若の養子となり、文明開化を受けて能楽師がほとんど江戸を離れたとき能を残すために力を尽くした、能中興の祖とも言われる人です。芸の家の生まれではない、経済界から養子にきた彼の経営感覚が能の危機を救ったのです。装束や面などについても、彼の成し遂げたことが、能のいまある形の重要な部分を作っています。

空襲と疎開

幼いころの思い出を、何からお伝えいたしましょうか。

最大の出来事といえば、やはり一九四五年三月一〇日、東京大空襲です。その当時、梅若能楽堂は隅田川沿いの蔵前にあり、空襲で消失。父が私をおぶって逃げ、それからお風呂屋さんだったでしょうか、その壁に寄り添いながら、あちらに焼夷弾が落ちた、こちらに落ちた、という話を聞いていました。焼夷弾のかけらが母の顔に当たり、大出血もしました。母の顔には生涯このときのかけらが入っていました。いまから考えれば命からがら逃げたといえるでしょうが、そのときは、火が燃え上がっているのがきれいだと、ぼんやり思っておりました。

この空襲を期に、子どもだった姉たちと私は疎開することになり、それぞれ分散して、つてのある方のところへ身を寄せました。私は終戦まで、多くは山形の赤湯、また伊豆長岡でも過ごしました。

疎開先での記憶はあまり残っていませんが、母や父と離れたのはこのときが初めてでしたので、寂しく感じていたのではないでしょうか。ただ、自分で申すのも気恥ずかしいですが、幼いころからわりとしっかりとした、聞き分けのいい子どもで、母を恋しがって泣いてばかりいるということはなかったと思います。なんとなく勘が働き、東京でいやなことがあったんじゃないのかなとは感じていました。

まばらな記憶のなかで、衣食住にかかわること、とりわけ食べ物のことは多く心に残っています。初めて道ばたのツツジの蜜を吸ったとか、お米があまりないので芋を主食として食べていたとか。東京に残っていた両親はときどき私の様子を見にきて、そのとき「電気パン焼き器」という当時の器械を使って父がパンを作っていたのが印象的でした。そんなこと絶対にしたことのない、能の家の男である父が、そのとき初めてパンを作っていたのです。いまでいう蒸しパン、それもトウモロコシの粉を使ったものです。それから、精米のためにお米を一升瓶に入れてつく。父がやるのを、私たちも手伝いました。また、衛生状態が悪かったので疥癬《かいせん》にもなりました。これも初めてのことでした。

疎開先の伊豆で楽しみにしていたのは、ときおり来る母に連れられて、母の友人の別荘へ行くことでした。お茶の道具で有名な水戸幸さんの別荘で、記憶では「タモン荘」と呼ばれていました。そこへは芸能や文化にかかわるいろいろな方々が集い、大人の方々は当時でもお酒を召し上がっていました。私はおじさまのお膝に乗って、お刺身とか、お菓子とか、おいしいものを食べさせてもらっていました。いまふうにいえばサロンでしょうか。戦争中でも、そういうところはあったのですね。

もう一つ、狩野川の堤の上で見た一面のれんげをよく覚えています。とても穏やかで、都会で育った子どもにとっては初めての、美しい風景でした。

戦後の生活

戦争が終わり、日本中がそうでしたが、とにかくものがありませんでした。空襲でそれまでの家はなくなってしまいましたので、戦後すぐはあるお弟子さんの家に家族みなで間借りして、母たちの着物を売るなどして生活していました。いままでもそのお家のあったところを思い出すことができます。小学校一・二年生の間は、そこから白金小学校へ通いました。このころには、待望の男の子である弟も誕生していて、姉たちと祖父を交えての大家族でした。

三・四年生のころには家族で洗足池の一軒家に移りました。そのころには弟子をとってお稽古をする生活がふたたび始まり、能を演じる回数も少しずつ増えていきました。そして五・六年生のときにやっと、現在の能楽堂のある東中野の家へ移りました。

テレビドラマなどで「古典芸能のお家元」というと、とても仰々しいイメージがありますね。でも私の家はそんなイメージとは違う、普通の家。少しは窮屈な面もありますが、夫婦げんかもあれば、食事も家族みな同じテーブルでしますし、姉妹でよもやま話に花が咲くこともありました。

我が家にも、戦前までは、女中さんが家族一人につき一人いて、「きよや」「はなや」と、「や」をつけて呼んでいたそうです。私はもちろんそのころのことは知りませんが、周りの大人たちから聞いていました。芸の家ですから書生さんは常に、また女中さんもいて、家族以上の人々と起居を同じくすることは、必然的に気も遣うことになりますし、ある意味では窮屈だったのではないでしょうか。

子ども時代

子どものころの私は、一言で言えば「いい子」でした。親の言うことをよく聞く、あまり甘えたりしない、しっかりした子。だからといって、親からの期待やプレッシャーを感じていたということもありませんでした。能の家の女の子ですから、そもそも親の期待も弱かったのかもしれません。

小学校では転校も二度しましたが、誰とでもすぐ仲よくなれるほうでしたので、友達はたくさんいました。学級委員タイプと言えばいいでしょうか。小学校一年生の劇でいきなり主役の大国主命《おおくにぬしのみこと》を演じたり、朝礼で台の上から号令をかけたりしていました。勉強もそこそこできて、とくに歴史が好き。子どものころの夢は歴史の先生になることでした。

学校では給食もありましたが、そのころは家からおかずを持っていってもいいことになっていました。コッペパンが給食で、それにつけるバターや卵焼きを家から持っていくというように。私はあまりたくさん食べるほうではなかったので、パンが全部食べきれず、隠して持って帰ったこともあります。それから脱脂粉乳が飲めなくてとても苦労しました。飲むまで先生が帰してくれないのです。

お砂糖がない時代、甘いものは貴重品でした。ご近所にグリコーゲンというブドウ糖の一種をたくさん持っているおうちがあり、そこでいただいてくるのがうれしくてうれしくて。バナナも貴重品でしたね。

記憶のなかの二つの能楽堂

子ども時代の思い出深い場所として、多摩川の能楽堂と、染井の能舞台があります。まず、多摩川遊園地の上にあった多摩川能楽堂です。多くの能楽堂が戦火で燃えてしまった東京では、戦後しばらく唯一の能楽堂であったと記憶しています。席は枡席になっていました。

この能楽堂には、梅若の家から嫁いだ、祖父の妹である大伯母さまがいらっしゃり、私たちはよくここへうかがいました。子どもの足ですから、山の上まで延々と歩いてこの能楽堂へ通ったという印象があります。桟敷席にお座布団を敷いて能を観ることになっていました。ここへはお客さまとして、嫁がれる前の天皇家のお嬢さま方もときどきいらしていました。演能が終わってお客さま方がお帰りになると、お座布団などを片付けるのは私たちの役割でした。一生懸命積み上げたお座布団の山に突進し、崩して遊んだりもしました。

もう一つの染井能舞台はもともと一八七五（明治八）年に東京・根岸の旧加賀藩主、

前田斉泰《なりやす》邸に建てられたものです。このころには染井に移築されていました。この舞台も戦火を逃れ、戦後の能復興の本拠地となりました。私が子どものころいちばん多く通った能楽堂がここです。ここでお能を拝見することはとても楽しかったです。

ここで見たなかでもっとも印象に残っているのは、祖父梅若実の演じた「熊野《ゆや》」[1]です。

「熊野」には、母親を思って花見の道中、牛車から降りて花を見るというシーンがあります。子どもですから筋はわからないのですが、祖父が目付柱[2]をふっと見たとき、本当に桜の花が散るのが見えるような気がしました。このとき、お能とはこういうことなのかな、芸とはこういうことなのかなというのが感じられたのではないかと思います。これが芸に関する私の原体験となっています。

1 能を代表する曲の一つ。平家の全盛期、母の病の悪化を知らせる手紙を読み、故郷の遠江国に母の見舞いを願う愛妾熊野に、平宗盛は桜の供を命じる。熊野は桜の清水寺で……。詳しくは一六五頁。

2 能の本舞台で正面から見て左手前の柱。面を付けると視界が狭くなるため、この柱を目印に位置を把握する。

染井能舞台は、現在では解体・復原されて、横浜・紅葉坂の横浜能楽堂となっているそうです。この本を出しましょうと言ってくださった春風社さんはこの能楽堂のすぐ近くにある出版社です。不思議なご縁を感じます。

能の家のしきたり

誰でもそんなものかもしれませんが、小さいときは自分の家が全宇宙だと思っていました。

学校に通いはじめて、どうやら自分の家は特殊らしいと気がつきました。自分の家の「梅若」という名前が教科書に載っているのが恥ずかしくて、いやだと思っていましたね。

学校の先生たちも、「能の家」の子どもに興味があったようです。たとえば、家ではお稽古のあるときは声もひそめるよう躾けられていましたので、私は学校でも大きな声での雑談などは控えるものと思っていました。不思議な子どもに見えたでしょうか。また、学校への寄付を求められたとき、母たちは普通の家の感覚といいますか、相場がわからない。そこで先生に「こんなに入れて大丈夫なの」と驚かれたこともありました。

能の家にはいくつか独自のしきたりがありました。

まず、我が家は能を演じることを生業としているわけですが、家族は能を正面から観てはいけないとされていました。観るという言葉も使いません。「お能拝見」と呼んで、家族、身内のものは、「お見所」という座席の一番端からしか拝見してはいけませんでした。母や姉たちと能楽堂へ行って、いつも観客席の一番後ろの隅に座っていたのをよく覚えています。

もう一つ、「別火」という言葉が子どもながらに印象的でした。

能のレパートリーのなかでも「翁」という演目は、神に捧げる特別な能で、正月や舞台が始まるときに演じられ、その場を清める役割を果たします。五穀豊穣・天下泰平の儀礼をルーツとしているようです。

この「翁」が演じられるとき、生理中の女性は身内でも演者に近寄ることはできないとされていました。そのときは、ごはんも演者とは別の火で炊いたものを食べました。それが「別火」です。なんと不自由な、女性蔑視的な……とも思いますが、それだけ、能の舞台は厳しく神聖化されているものなのです。

長唄にも同じ「翁」をテーマとした曲がありますが、私は子どものころのこの経験が身体に染み付いていますので、演奏にはためらいを感じます。演奏を頼まれることがあっても、いつもお断りしています。

季節の行事

能の家ならではの、季節ごとの行事もありました。

虫干し

とくに印象的だったのは、虫干しという行事です。これは、一年に一度、装束（衣装）

をお蔵から出して、すべてに風を通すというものです。広い場所に、衣紋掛けに掛けられた装束がずらっとならぶ様子は圧巻です。雑誌や新聞の取材も来ていました。

しかしこの行事、家族には大変でした。干すと同時に、装束の傷んでいる部分を修理するのは女性の役割です。装束にもいろいろ種類があって、新品もありますが、なかには室町時代から受け継いで使っているものもあります。そのようなものも扱うこの仕事は、とても神経をつかうことでした。また、手伝ってくださる方に食べてもらうため、おにぎりをにぎることも上手になりました。

稽古

毎月一と六の付く日に行う稽古を一・六稽古といい、初代梅若実が始めたものです。玄人となる門弟に能の演目を幅広く伝えるための定期的な集団稽古でしょうか。

また、夏に行うこれも玄人のお稽古（講習会）を数囃子《かずばやし》といいます。五十番くらいの囃子入りの舞を、浴衣に袴を着けて行うものです。冷房もない時代、汗まみれのお稽古は非常に厳しく、芸のお稽古の原点を知った経験があります。一・六稽古も数囃子も玄人になる人々に芸の基本を伝える行事でした。

稲荷まつり

庭にお祀りしているお稲荷様をうやまう行事で、屋台で食べ物を、お座敷や舞台では余興を出し、一門やお弟子の方々と集います。戦前は素人芝居を市川猿之助（後の初代猿翁）さんの指導で行っていたそうですが、戦争後は父や叔父たちが長唄を唄ったり、弟が女形で踊ったりしていました。ここでの余興のお三味線を弾くために私は三味線を習いはじめ、だんだん演奏することの楽しさを知っていきました。このことが後の私に大きな影響を与えました。

梅若家の人々

ここでは、梅若家の家族について覚えていることを記しておきたいと思います。

父

父（五五世梅若六郎）は九人兄弟の長男でした。昔はどこの家もそうだったのかもしれませんが、うちのように古い家では、とりわけ長男が特別扱いされます。父がいばっているというわけではなかったのですが、その特別扱いを普通だと思っている感じはしましたね。自分の父親ながら、どこか堅苦しい感じがしていました。

たとえば、外食をするとします。このとき、一ヶ月前くらいから行く日を決めています。そして、食事をして家へ戻ったら、揃ってお父さまのところに行き、正座をして「今日はありがとうございました」とご挨拶することになっている。そういうことが普通に行われている家でした。

父六郎と娘たち

　父から一度も怒られたことはありません。ふだんは芝居好きな、茶目気たっぷりな部分もありましたが、子どもの学校に関することなどはまったくノータッチでした。母が家のことで忙しいときに一緒に映画を見に行くくらいが接点だったでしょうか。年末の映画館の混雑のなかで、座席がなかなか確保できない父を覚えています。そして、大きくなった私が結婚し、新婚旅行へ行くとき、ホームで見送ってくれた姿は今でも目に焼きついています。
　芸風は華麗で美声、ことに直面《ひためん》（能面を付けない）能を得意としていました。紋付がよく似合う人で、「ミスター紋付」という仇名もあったそうです。日常生活ではあまりしゃべらない人ですが、稽古は非常に厳しく、怒られる弟子たちは人間扱いされないくらい罵倒されて……。芸のことでは、怒鳴りっぱなし、怒鳴られっぱなしが当たり前です。理屈などありません。梅若の家でも、やがて嫁ぐ吉住の家でもこれは同じでした。

母

母は九人兄弟の末っ子で、ですから名前はスエといいました。彼女は下町の火消しの娘です。

火消しの家に育って、きれいな人ということで、いまふうにいうとスカウトされて柳橋の芸者になりました。菊人形のモデルになったこともあったそうです。そんなとき、梅若家の御曹司である父と出会い、大恋愛をして、すぐに芸者をやめて結婚しました。

父と母

母の実家、その周りの人々については、生粋の江戸っ子、人情深く気が早い等々、落語の世界のような面白い話がたくさんあって書ききれないくらいです。「江戸消防記念会」といって、いまは鳶職の人々。木遣やはしご乗りの世界です。「まえがき」にも記した通り、私のなかには山の手の父の血と、下町の母の血、両方が流れています。

母はたいへん苦労した人だったと思います。梅若家に入ったときには、すでに亡くなられた先妻さんと父との間には女の子が三人いました。

東中野の家で、物心がついた私の記憶のなかでの母は、朝は必ず早く起き、祖父のお世話をして、きちんと着物を着ている人でした。お化粧もして、髪も整え、いつだれがいらしてもいいようにしていました。日常でも黒紋付の羽織姿が目に残っています。

大家族のなかで母が苦労しているのを私はいつも見ていて、自分が母を支えなければならないとも思っていました。娘の目からは欠点もたくさん見えますが、ひと時代前の芸の家の妻として、またそこで書生たちを育てる人として、尊敬できる母親でした。稽古では厳しい父も、母の芸の感想には一目置いて聴いていました。

母から学んだいちばん大きなことは、嫁いだ家に尽くす、貢献するということです。結婚が決まったときもその後も、繰り返し「婚家の為に力を尽くしなさい」と言われました。当時、結婚して一週間程度したら一旦実家に戻ってもよいという、「里帰り」という習慣がありましたが、母からは、里帰りしてはいけないと言われました。母は、東中野の能楽堂建設や、日本初の「能楽学院」の発足にも力を尽くしました。

そんな母の晩年の楽しみは片岡仁左衛門さんのお芝居を見ることでした。まったくミーハーのように。なぜなら、素人芝居でいつも二枚目役を独り占めした若き日の父と面影が似ていると。仁左衛門さんもそれに応えてくださり、母を「オバチャン」と呼び、ご自身を「長男」とまでおっしゃって（ちなみに次男が故宝生閑さん、三男が六郎です）、母の追善の折には三味線を披露してくださいました。仁左衛門さんご夫妻も、宝生閑さんご夫妻も、母にとてもよくしてくださいました。

芸の家の女として務め上げた母が八二歳で亡くなったときには、娘の役割として、母をしっかりと送ってあげようと思いましたね。母の想い出が残るようにと……。火消しの娘ですから、お葬式は木遣で盛大に執り行われ、旅立ちの姿は好きだった能の

「大原御行」建礼門院の姿でした。

姉たち

姉は三人いますが、一人は早くに亡くなりました。母親は違っても、二人の姉たちと私とは仲良しでした。いま思えば、母がよくやってくれていたのでしょうか。

姉たちとはよく一緒に能楽堂などに出かけていたので、「梅若の三人の娘」として周りから注目されていたそうです。自分ではまるで気がついていませんでしたが、結婚した後にある方から聞かされ、驚きました。

私がまだ子どもだったころから、年ごろの姉たちは近所の大学生の憧れの的だったようです。男子大学生が窓の外から姉に話しかけているのを私はよく見ていました。

姉たちは頼まれてときどき婦人雑誌にも載っていました。いまでいう読者モデルです。当時の服装といえばブラウス、スカート、カーディガンでしたが、いくつもお洋服を持っているように見せるため、ブラウスを後ろ前に着れば襟が逆になって別のも

梅若家の人々　菩提寺の海宴寺にて

ののように見えるなど、さまざまに工夫していました。

また、デートへ行くときには、姉たちはそのころ貴重品だったナイロンのストッキングや手袋をはめていました。電線しやすいので、そっと、破れないように履いて……。今からでは考えられないくらい、とにかくものがない時代でした。

現在は上の姉はみまかり、大阪の能楽師の家に嫁した二番目の姉のみですが、女同士、姉妹は終生奥深くつながる関係です。

おじ・おば

梅若家のおじさま方はみな能楽師。芸術院会員やら人間国宝の人々です。おばさま方でいちばん有名なのは、劇作家の宇野信夫さんの奥さまとなった宇野智世さんでしょうか。おばさま方で、独り立ちして仕事をした人は一人もいません。みな、嫁いだ家のことに専念しろという教育を受けてきた人たちですから。

いま思えば、能の家において、女性は「父」や「夫」の付属物でした。家のなかで「奥さま」として扱われていた母やおばさま方を見ながら、自分は大人になったら仕事をして、自立したいと早いころから思っていました。学校の先生になりたかったというのも、そういう気持ちからきていたのではないかと思います。

きっと時代的なものもあるのでしょう。戦後すぐに一〇代を過ごした女性には、誰にも依存したくない、経済的にも精神的にも自立していたいという気持ちを持っている方が多いと聞きます。

祖父・祖母

祖父は二代目梅若実、写実的な能を得意としていました。先に記した「熊野」の他にも、「弱法師《よろぼし》」「実盛」などの舞台が眼に残っています。この方は、晩年までものすごい美男子でした。

祖母は私の母が嫁ぐ前に亡くなっており、当然私はお会いしたことはありませんが、九人の子どもを産み育て、大家族を差配した人です。最期に「梅若家万歳」と言って亡くなったと聞いています。

弟

年が離れているからか、いまでも弟は、みなさまの前で私のことを「怖いお姉さん」と申しております。

芸の世界、とりわけ能の世界では、男の子の方が圧倒的に存在価値があるとされています。私も子どもながらにそのことはひしひしと感じていました。周りの大人たちが「学校なんか行かなくてもいいよ」と弟を甘やかし、弟もそれに甘えているところがありました。勉強は私の方ができるのに、弟の方が大事にされているじゃないかと、いつも反発していましたね。

そんな弟もいまでは、人間国宝梅若玄祥として脚光を浴びています。二〇一八年には梅若実の名前を襲名する予定です。

彼は、私から申し上げるのも何ですが、芸を見ているかぎりは天才です。しかし、よくも悪くも純粋な人で、私生活においては欠けたところもあります。人をすぐ好きになってしまったり……。人を恋うる心は芸をする人にとって不可欠と、芸の家の者は理解しているものですが、周囲に対してはそれが迷惑になってしまうこともあります。

私は自分の子どもたちに、自分の道は自分で選べという教育をしてきました。芸の人である前に「人間」であれと。これは、弟の置かれた道を反面教師にしている部分が大きいです。私が見るかぎり、彼は敷かれたレールの上を迷いなく進んできましたし、周りもそれを当然として彼に接してきました。そうすると、どうしても一般的な社会人としては欠けている部分も出てくる。姉の私には仕方ないと思えることも、他の人もそう見てくれるとはかぎりません。

いまでは、人を感動させる芸を見せてくれる人、能の未来に思いを馳せ、さまざまな試みをしてくれる人として、そんな彼をオールＯＫで受け入れるのが姉の務めかとも思っています。お互いに年を重ね、黙っていてもお互いがなにを考えているかがわかり、困ったときにはお互いを助け合えるきょうだいです。一緒に仕事をすることもあり、この本を書くときにもたくさん相談に乗ってもらいました。

二

植え替えられるように

能の家で育ってきた私が、長唄の家元である吉住家に嫁ぐことになりました。二〇歳のときのことです。この家で私はさまざまな方たちと出会い、さまざまな経験をして、女性として成長させてもらいました。

吉住家とそのルーツ

吉住家は、近世中期以来の長唄の家です。住吉神社の神官が初代吉住小三郎で、「住吉」を逆さにして「吉住」としたと言われています。それ以来、家元は代々小三郎を名乗っています。

とくに有名なのが四代目小三郎、すなわち吉住慈恭です。名演奏家であると同時に、長唄の世界を改革した方。私にとっては義祖父にあたります。義父が五代目、夫が六代目、そして息子が七代目の小三郎です。

結婚の経緯

私たちの結婚はお見合いで決まりました。

長唄のお稽古を中学生のころから生家で受けていたと申し上げましたが、そのお師匠さんは吉住流の人ではありませんでした。

お見合いをすることになったきっかけは、吉住家のある女性師匠が、梅若家のある門弟が経営する稽古場を借りていたことです。その方が吉住家と梅若家の接点となり、両家にちょうどいい年頃の男性と女性がいるということで、お見合いとなりました。夫と私は、その話があるまではお互いのことをまったく知りませんでした。

実は、それまでにも私は何度かお見合いをしていました。芸の家の方、役者さん、歯医者さんとか。お話はあったけれどお見合いには至らなかった方もいます。そのときは、なんとなく気が乗らなくて……。この人と一緒に暮らせる気がしない、と。

夫とのお見合いでは、最初に会ったときに桜湯が出てきました。桜湯といえば結婚式に出てくるものでしょう。もう定められたものなのかしら、と感じました。私にはもう選択肢はほとんどなく、そういうものなのかなと思っただけです。昔の人の結婚は、大体そんなものだったようです。

私はといえば、なにしろ二〇歳前の何も知らない娘でしたから、とにかく三味線を弾くことが好きで、深く考えることなく、この結婚はいいなと漠然と思っていました。この結婚が実現するということは、三味線を弾いて暮らすということなのだ、と。それは当時の私にとってとてもうれしいことでした。

お見合いの後には何度かデートをしました。競馬場にも連れて行ってもらいました。お互い気も合って、いい人に巡り会えたなと思いました。

結婚式

結婚式を行ったのは、実家の梅若家が東中野に能楽堂を建てている最中のことでした。式の当日は美容師さんに家に来ていただき、お着付けしてもらいました。昔はこのようなケースが多かったようです。

結婚式　弟六郎玄祥と、美容師さんと

結婚式は仲人が両家に一組ずつ、「両仲人」と呼ばれる珍しいかたちで行いました。それぞれの家のお弟子の代表の方です。梅若家はキッコーマンの茂木佐平次さんご夫妻、吉住家は三輪石鹸の三輪善兵衛さんご夫妻で、三輪さんのお嬢さまが茂木さんの奥さまというつながりがありました。式は当時の東京會舘で行い、参加者は五〇〇名ほど。大きな結婚式にしていただきました。

結婚式の日には、忘れられないエピソードがあります。

お色直しのときのこと。私が着物から着替えているところ、もっと早く着替え終わるはずの夫がなかなか来ない。どうしたのかと思っていると、全然合わない上着を着て出てきました。それを後ろからボーイさんが追いかけてきて、「それは私の洋服でございます!」。紋付袴からタキシードに着替えようとしたら上着が見つからず、そこにあった上着をとって着てきたそうです。幸い本物の上着はすぐ見つかって、人前にはタキシードで出ることができましたが……。夫はこのように、「もの」に頓着しない、根っからのお坊ちゃまでした。

長唄の家へ嫁いで

能の家からやってきた子どもみたいな嫁を、婚家の人々は温かく迎えてくださいました。

三世代同居に加えて主人の兄弟が住む家での生活は大変だったでしょうねとよく言われます。お食事の好みの違いとか、お弟子の人々に女性が多いとか、周囲の方の着物の趣味が違うなどはあったと思いますが、大家族から大家族へと越したという意味では同じこと。違和感を覚えたり、そのことがストレスになったりということはありませんでした。元来の楽天的な性格、というより、いま思えばなにもわからなかったゆえに平常でいられたのかもしれません。その点は若く結婚するのもよいことかもしれません。

夫・六代目吉住小三郎

強いて言えば、結婚して、男の人ってこんなものなのねと思うことがありました。納得というか、諦めというか。

夫はとてもユニークな人でした。何代も続くような伝統芸能の家に生まれておきながら、伝統の家に対する反発心を抱いていましたし、紋付袴も大嫌いでいつも洋服を着ていました。何かの集まりに出席しても、伝統芸能の家の人にはとても見えず、大学の先生のように見えました。

自由を愛し、拘束されることをたいへん嫌う人。私には最初に、一番言われたくないことは「今晩何時に帰ってくるの?」だと言いました。

非常に科学的思考が強く、科学万能主義。時計やテレビ、ラジオなど、機械を見るとすぐ分解したくなる。自分は邦楽ではなく電気工学をやるために工学部に行きたかったのだとさえ言っていました。

長唄のような古典芸能はふつう「情」の世界を重視しますが、夫はそういうものを

夫と

まったく好みません。ただし、音やリズムに関しては非常にこだわる人でした。東京藝術大学の邦楽科第一期生で、当時の藝大では邦楽科の学生も西洋音楽を学んでいましたから、長唄以外にも自分でピアノも弾けば、フルートも吹く。指揮も学び、音楽理論にも詳しい。西洋音楽ではとくにオペラが好きでした。でも一方で、軍歌が大好きな、戦中生まれによく見られる右寄りの考えの人でもありました。

長唄以外のジャンル、お琴などの方とのお付き合いも多く、琴唄や邦楽オペラなどの仕事も大好きでした。

私は、音やリズムの正確さについては夫から学んだ部分がとても大きいです。三味線は、勘所といって、弦を押さえることによって音階を出すのですが、指が少しでもずれると本当にちがった音が出るものです。音の狂い、リズムのずれに耐えられないと、夫は非常に厳しかった。このリズムからこのリズムに移るときにはこうするべきなど、音楽的なことについては、彼の言うことは本当に正確でした。

ただしお互いの芸についての批評は一切しませんでした。同業の夫婦の「鉄則」かもしれません。

五代目襲名披露パーティーの三兄弟

夫とのエピソード

夫はビリヤードがとても好きでした。昔風に言うと「玉突き」ですね。夕方になると、「ちょっと事務所に行ってきます」と言ってどこかへ行ってしまう。その「事務所」とは近所のビリヤード場だったのです。ご飯はいつも用意しておいてほしいと言うけれど、食べるかどうかはわからない。でも私のほうも、それについてとくに目くじらを立てることはありませんでした。

外に女性関係ももしかしたらあったのかもしれませんが、わかりません。芸の家では普通のことと思っていましたし、基本的には信頼していましたので。当時はキャバレーが流行っていて、その経営者の女性が彼のお弟子さんだったので、夜な夜なそのお店に行って遊んでいたようです。

夜はそんなふうに遅くまで遊んで、たいへんな朝ねぼう。午前がないような人です。一方私の育った梅若の家は朝が早い家。ですから結婚が決まったとき、両方の家をご存じの方から「やめたほうがいい」と言われました。朝が早い家と朝が遅い家では絶対に合わないからと。夫の朝ねぼうはやっぱり一生治りませんでしたね。午前中はずっと寝ていて、朝ごはんなんか食べたことがありません。

よく言えば自由人、悪く言えば自己中心的。でも人間的にはとてもいい人で、自分も自由にする分、私にもなんの制約もかけませんでした。私も縛られるのが嫌いですから、これはとてもありがたかったです。

たとえば夫婦で旅行に行って、それぞれ食べたいものが違ったとします。「僕はこちらへ行くから、あなたはあちらで食べなさい」と。私も「それはいいわね、そうしましょう」と答える。そんな二人ですから、相性がよかったのでしょうね。

父として

夫と喧嘩したことももちろんあります。とくに、子どもの教育に関してはかなり衝突しました。

たとえば子どもをどの学校に入れるかをめぐって。彼は無頓着でしたが、私はせっかくだからあれこれ考えて、いい学校に入れたいという気持ちがあり、かなり言い争いをしました。このときは「あなたがこの家を出ていってちょうだい」とまで言って、里の母に叱られました。

私は娘をミッションスクールに入れたいと思っていましたが、夫は反対しました。カトリックの厳しい雰囲気、身なりをととのえたシスターたちを見て「違和感がある」と言っていました。娘が受験に受かって通いはじめても、夫は結局、学校へはまったく行きませんでした。

唯一行ったのは、幼稚園の運動会です。幼稚園は家のすぐ前だったので、慈恭お祖父ちゃまが行くとおっしゃったときに一緒に。それだけです。男の子の学校からPTAの会長を頼まれても全部断っていました。「父親」として活動するのが苦手というか……とにかくすべてが自分中心ですから。

いつも自然体、物事に関しても人に関しても好き嫌いがはっきりした人で、嫌いなことや人とは絶対に関わろうとはしませんでした。家族と食事するとき、普通親は子どもに多く食べさせようとします。しかし彼はまず自分が好きなだけ食べてしまいます。子どもたちは「パパはまったく不思議だよね」と。

世間的な名誉欲もまったくなく、天衣無縫のまま、夫は七四歳で亡くなりました。人間の細胞は親からもらったものだから、何もしなくても親と同じくらいに死ぬものだと言って、まるで健康に気を遣うことはありませんでした。健康のために歩くとか、野菜を食べるとか、そういうことは絶対にしません。「野菜は鳥が食べるものです」とまで言っていました。病気になってからもその態度を変えず、そしてその通りに死んでしまいました。私も彼を変えようとはしませんでしたし、それでよかったのではないかと思います。ああいう人は、長生きしたとしても、自分が老いていくのに耐えられないでしょう。

夫が亡くなったときには、これから私がこの吉住の家を支えていかなければならないと思いました。子どものころから「嫁いだ家に貢献する」という教育を受けていましたし、また自分自身が吉住の名を持った三味線弾きでもありましたから。お別れの会もたくさんの方々にお越しいただき、盛大に行っていただきました。遺影も彼らしく、明るい表情のものを使いました。海外旅行が大好き、とくにハワイが大好きでしたから、アロハシャツを着た写真をね。

吉住家の人々

義祖父・慈恭さん

私の義祖父は、四代目吉住小三郎、吉住慈恭です。文化勲章受章者、人間国宝、芸術院会員。長唄を一般家庭の人々の音楽とすることを目指し、東京藝術大学の邦楽科設立に力を尽くした人です。

演奏家としても作曲家としても天才とされており、古典芸能の世界での「天皇」的な存在でした。もしかしたら家のなかでも昔は厳しい「君主」として君臨していたときもあったのかもしれませんが、私が吉住家へ来たときはすでに七〇代も後半でしたので、いいおじいちゃまという感じでした。

孫である私の夫のことは、「吉住家の宝」と呼んで大切にし、かわいがっていました。夫もそれに甘えるのが上手で、ピアノや、当時なかなか手に入らない掃除機などを買ってもらったりしていました。私のことも、かわいいかわいい孫嫁という感じで、どこへでも連れて行ってくださいました。何も文句をおっしゃったりせず、いつも、「ありがとよ、ありがとよ」。そういえば、慈恭さんは、ノースリーブの洋服は「下着」だと言っていたそうです。「それだけは着ていかないように」と他の方から聞いて、気をつけていました。

慈恭さんはお酒の好きな方で、お酌をするのは私の役目。とくに、煮たお芋やお刺身でお酒を飲むのがお好きでした。ほろ酔いでいろいろなこと、「昔はこうだった」

義祖父・吉住慈恭と子どもたち

というお話や、「この曲はこう演奏するといい、こうするとお客は喜ぶんだよ」など、お稽古場ではなかなか言えないようなことをおっしゃるのが、とても面白かったです。いまでもそれらの言葉が私の宝物になっています。

九〇歳を超えてもお酒を飲んでいらしたので、心配した家族が、お酒をお水で薄めて出すことを行きつけの食事のお店にお願いしていました。すると、「東京會舘も落ちたものだ、こんなにまずい酒を出しやがって……」

年をとっても、彼の芸にかける情熱はずっと本物でした。唄い手である彼は、喉と鼻を大切にするために毎日マスクをして寝ていましたし、鼻うがいもしていました。お稽古のときは、絶対に声を荒げたりせず、静かに「もう一度」「もう一度」と。それにみな参ってしまうのですけれど。また、どんなに早い三味線にも、遅い三味線にも、文句を言わず合わせていました。何に合わせるのも自在だったのだと思います。

慈恭さんにとっては、生きることも自在だったのではないかしら。そのような人生哲学を持っていらっしゃったように、私には見えました。晩年は、朝のご挨拶に行くと、朝忙しい私を気遣って、生まれたばかりの私の一番下の息子を「坊やをそこへ置いておいき」と言ってかわいがってくださいました。亡くなる日にも、「今日はお暇《いとま》するよ。だからみんな家にいておくれ」と言って、静かにお亡くなりになりました。

義祖母・ハマさん

慈恭さんの奥さまはハマさんといいました。絶対的存在の慈恭さんにとって唯一恐い存在で、もともとは赤坂の方です。

長唄の世界で「天皇」と呼ばれる慈恭さんより、奥さまはさらに強い方でした。三味線はあまりお好きではなかったようですが、豊富な人脈で、集客力や財力が抜群でした。慈恭さんはそういうことはわからない人でしたから、彼女にずいぶん助けられていました。

慈恭さんとハマさんは熱海に住んでいらっしゃいました。ハマさんが東京へ出ていらっしゃるのを新橋の駅までお迎えに行き、そこから銀座の資生堂で食事をして、美容院へお送りする。美容院が終わったら銀行へ寄って、家までお連れするのが私の役割でした。ハマさんは、出かけた先でもすぐ店員さんを「ちょっとお前さん」と呼びつける。そういう方でした。孫嫁である私はとてもかわいがっていただきました。彼女と私は同じ干支で、もしかしたら通じるところがあったのかもしれませんね。

ハマさんはお金持ちでしたが、倹約家でした。熱海の家へ行ったら、当時出たばかりの電気冷蔵庫に対して、開くと電気が付くのは「電気代がもったいない」と、皆を困らせていました。夫からは、「熱海の家で出された食べ物に気をつけて」と言われていました。賞味期限が切れているかもしれないからと……。

義父と義母

義父の五代目吉住小三郎は、私のことを「たかちゃん」と呼んでいました。

彼は息子、つまり私の夫とはよく衝突していました。二人は、芸かくあるべしという考え方が違ったのです。夫はさきほどの通りの音楽至上主義でしたが、義父は歌詞の内容や物語性、そして情感をとても重視していました。偉大な演奏家である吉住慈

吉住家　慈恭さんを迎えたお正月

恭という父、そして吉住家の跡取りかつ藝大邦楽科の第一期生として脚光を浴びていた息子に挟まれ、義父はプレッシャーやコンプレックスを感じていたようにも私には見えました。

ただ、義父は教えることは本当に上手な人でした。そして、物語の言葉を大切にして人に伝えるということを私に教えてくれました。私は演奏家として、音の部分は夫から教わり、感性の部分は義父から教わった部分が大きいと思います。そして私がいま弟子に伝えることも、義父から受け継いだものがかなり多いです。お稽古ではよく怒鳴る、厳しい方でしたが、いまになって思えば、それが私の肥やしになっています。

義父から言われて心に残っているのは、「たかちゃん、男を変えようと思っても無理だよ」という言葉です。私は苦労知らずのお嬢さんで、きっとわがままな部分があったのでしょう。理屈っぽくもあるので、なにか「こうあるべき」と主張をしたときに、言われたのではないかと思います。こう言われてはっとしました、そうか、自分のほうを変える必要があるんだな、と。この言葉はそれからもことあるごとに思い出します。相手を変えようと思ってはいけない、とくに、相手のこころに直接グサっとくるようなことを言ってはいけないと。

義母は八重子さんといいました。こちらも超江戸っ子の、とてもきれいで、三味線が上手な方でした。私は吉住の家に来てから、この方に三味線を教わりました。私に娘が生まれてまもなく義母は倒れ、病院へ出たり入ったりになってしまったので、直接教わることができたのは短い間ですが。くわしくはわかりませんがハマさんとはずいぶん確執もあったようです。戦後の困難な時代の生活を守り、主人と男二人女一人の四人の子どもを育てた方ですが、長い十七年間の闘病生活を送る晩年でした。

梅若家や吉住家の女性たちを見てきて、つくづく思うことがあります。

「女にはみなドラマがある」ということです。いろいろ大変なことを経験しても、しぶとく耐えることができる。これは子どもを産む力を有するからなのでしょうか。私より上の世代の方々には、そういうことが多かったと思います。お姑さんと暮らした経験を持つ人は、枠のなかに入ってそこに馴染んでから自分のやり方を編み出し、実践できる力を持っている気がします。そういう意味で、日本の家族制度も捨てたものではないと思いますが……。

三味線と自立

古典芸能においては、やはり能は格が高いということになっていますので、能の世界から長唄の世界へ「下ってきた」という感覚があるのではないですか、と訊かれることもあります。ですが、私にはそのような気持ちはまったくありません。

現代ふうに使われる「ハイカルチャー」として能があり、対義語の「カウンターカルチャー」としてロック音楽などがあるとすると、その中間に位置する三味線音楽は、最も幅広く皆に愛されるものであると思います。

そして、大原則として女性は舞台に上がることのできなかった時代の能の世界に比べ、長唄の世界では早くから女性が演奏家として主役になることができました。私にはそのことがとにかく新鮮でした。

嫁いだ家に貢献しなさいと母親に言われて嫁にきて、そのこと自体に異論はなかったのですが、それでも「家」のために埋没してしまうのではなく、女性として自立していたい、自分の生き方をしっかり持っていたいと思ってもいました。

この「自立」への気持ちの芽生えは子どものころからありましたが、結婚してからは、吉住家の女性たちが師匠として自立している姿をお手本としながら、好きな三味線を自分の糧として、精神的にも、経済的にも、自立したいとはっきりと思うようになりました。

どんな仕事でも同じですが、三味線を仕事にするには、いろいろなことを覚えなければなりません。いままでは教わる側だった三味線を、これからは私が教える側になる。そのためには、やらなくてはならないことがたくさんありました。結婚してからしばらくは、そのことに夢中でした。

吉住家の女性たち

自分の生き方を持って、と考える上で、私は本当に周りの方々に恵まれてきました。

義母をはじめとして、吉住家にはすばらしい女性の師匠たちがたくさんいらっしゃいました。「こうしなさい」「こうでなければならない」と言葉でおっしゃることはなく、行動ですべての模範を示してくださる方々。演奏についても同じで、三味線の演奏には並んでいる順にそれぞれの役目がありますが、それも口で言うのではなく暗黙のうちに示してくださいました。家元の若い嫁という立場を理解して、私を立ててくださりながら教育してくださったのだと思います。私もそれを感じ取れる人であるようにと、努力はいたしました。

伝統のなかで生きる

私は家族というのは「個」と「個」の結びつきだと考え、そう主張してきました。夫もそういう人でしたし、私のことをよくわかってくれていました。

しかしいまでは、長い伝統のなかでは、個と個の結びつきは小さなものなのではないかという気持ちもあります。伝統芸能において人を感動させることは、誰にでもできることではない、特殊な才能です。「芸の家」における母親にはそのような環境を作るという大切な役割があります。長唄であれ歌舞伎であれ、芸の家の人との結婚は、それを承知の上で、「伝統を助ける」という覚悟をもたなければならないことでしょう。伝統芸能の家元制度のなかでは「個」を殺すことが求められます。個を殺しっぱなしとも言えるでしょう。しかし私は、これは考え方次第だと思います。伝統という大きな枠組みのなかで、自分のかたちを変え、枠組みに沿っていくことで、そこで楽に生きていくことができます。逆にいえば、それができないと大変です。伝統のなかに身を置くとは、まずはその枠のなかに入ってみるということ。時間がかかる場合もありますが、そのことによって見えてくるものがきっとあります。

伝統とはその時代時代によって築かれてきた、必然性のあるものです。それは小さな個にはとても立ち向うことのできない、身を任せるしかないものです。けれども、そこから自分のやり方はかならず見えてきます。伝統の世界のなかにありながら輝くためには、素直さが必要なのです。

小さくても大きくても、どんな社会でもこれは言えることです。まずはその世界に馴染んでみて、そこから自分を出していく。またどうしても合わない場合は、しがみつくことなくそこから離れることも視野に入れるべきだと思います。

結婚とは

人には自分の培ってきたものを次の世代に伝える義務があります。それは必ずしも結婚や夫婦という制度のなかでなくてもいい。「人間愛」とも言えるでしょうか。どのような人間関係であっても、相手が人間として尊敬できるかが一番大切だと思います。

結婚について言えば、長い結婚生活のなかで、相手のすべてがよいと思えるなんてことはありません。どんなにすてきだと思っていた人でも、長く暮らすうちに、ちょっとこれは……と思うことがいろいろと出てくる。そのなかで、誰にも我慢できる部分とできない部分があります。このとき、相手の人間性全体に我慢できなければ別れたほうがいいと私は思っています。

そしてこれも他のすべての人間関係に言えることですが、お互いに、あまり深く関わりあいすぎないことも大切です。夫婦関係でも、子どものことなど、二人の関係の間に生じたものはかならず大切にしなければなりません。けれども、二人の関係の中、家庭の中だけをずっと見ていると、どうしても行き詰まっていきます。内側しか見ないと相手のアラばかり見えてくる。深く関わりあいすぎないためには、互いに外の世界を持っていることが大切です。外側に豊かな世界があることはとてもいいことです。外側の世界もたくさん見ることで、二人の内側にある世界も広がり、豊かになっていきます。この点では、夫と私とはとてもよい関係を築けていたと思います。

人にはそれぞれ得意なことと不得意なことがあります。恋愛でも結婚でも、仕事でも、パートナーとなる人同士はでこぼこがぴったり合うことが大切です。お互いよいところと悪いところ、できることとできないことを細やかに認めあうためには、知性が必要です。この知性とは、自分を変えられる柔軟性のことです。

変化と柔軟性

変化を求められたとき、自分の考えに固執せず、自分が変わることはなかなかむずかしいことです。このような、相手のでこぼこに合わせて変化できる柔軟性は、男性より女性のほうが持っているものではないかと思います。

私の場合、きっかけは義父の「男を変えようと思っても無理だよ」という言葉でした。状況に合わせて変化できる、柔軟性、順応性を持っているほうが、あらゆる場面で生きやすいのではないかと思います。

一方で、人は変えられない部分を持っているものです。変えられる部分と変えられない部分を見極めて、変えられない部分は、ではどうやってそこを見せましょうか、と考えます。

たとえば、伝統芸能はたしかに封建的であったり、女性蔑視であったりします。しかし私たちにとっては、それを外に向かっては美しいものとして見せていくということが大切になります。これは、「いかに魅せるか」というテクニックです。

柔軟性は本当に大切です。とはいえ自分の人生ですから、流れされっぱなし、自分を殺して他人に尽くしてばかりではつまらない。他を光らせながら、自分も光ることができないか。そのための示唆を与えてくれる人々との交流を結ぶことが大切です。

そして女性が、もちろん男性もそうですが、自ら、自由に、のびのび生きるために、経済力は重要な裏付けとなります。これは私が三味線を弾くことによって自立したいと考えたことと同じですね。

女性の美しい時期

女性には、エネルギーに満ちて、それをぐっと一つのことに費やすことができる時期があると思います。「旬」というのでしょうか。往々にしてその時期のまっただなかにいる本人は気づいていないものですが。

たとえば芸能人でも、どんなことをやってもかっこよかったり、すてきだったり、そういう時期があります。一生懸命になれるとき。そういうことが、普通の人にもあると思います。

自分より年下の、とくに女性の方々には、「時を得る」ということを言いたいです。

女性は四〇代から五〇代がいちばんいい時期じゃないかしら。若ければいいというものでもありません。ある程度自信がついてきて、それなりに自分を持ってくるとき。なにかあってもあまり傷つかなくなってきているし、やり直しもまだできる。それがこのころです。もちろん私も、七〇歳を過ぎたいまでも日々新しい発見をたくさんしていますが、あと二〇年若かったらあれもこれもできたのにと思うこともいくつもあります。

出産と子育て

私は二〇歳で結婚し、二二歳で第一子の長女を産みました。つぎに、わずか一年と二〇日で長男が誕生。連続で二人を産んだのでとにかく大変で、子育てに関して喜んだり悩んだりしている暇はありませんでした。

　子どもが産まれることは女性にとって大きな出来事ではありますが、私は結婚したからには産むのが当然だと思っていました。現在では結婚する・しない、子どもを産む・産まないは、その個人で選択できる、あるいは選択すべき事柄になっています。しかし当時は女性として生まれたからには、結婚し、子どもを産むということが当たり前の時代でした。

　ただ一つ、私の妊娠中にはずっと「女にとっては自然なことですから、大したことないんですよ」と言っていた夫が、生まれてきた娘を見た第一声で、「世の中には悪い男がいるから心配だな」と言ったことはよく覚えています。初めての子どもと対面して、やっぱりかわいかったのでしょうね。この人にもこんなところがあったのかと思いました。

　夫が子育てに協力したことは一切ありません。それが当然の時代でしたから。現在、結婚して子どもが産まれた息子たちが子育てに献身している姿を見て、時代の変化を感じます。

子育てを振り返って

梅若の家でも吉住の家でも、芸一筋で他のことには頓着しない人たち、そしてそれに振り回される人たちをたくさん見てきました。経済的なことはすべて女房に任せ、内弟子さんたちも、門人たちの芸以外の世話など、まさに母親役を担わされていました。

伝統芸能の家では、小さいころから芸を仕込んで、その道を継ぐ人を育てることが一般的です。「学校なんか行かなくたって芸ができればいいんだよ」というような。うちの弟もやはりそういうふうに育てられていました。しかし私は、この方針には非常に反発しました。

現代では、可能性を自分で選ぶことができ、さらにその選択の責任を自分がとることができます。人生は一度しかないのだから、自分の子どもには、いろいろなものを見て知った上で、自分の人生を納得して選び取ってほしいと願っていました。「芸人」である前にまず「人」であるべき、「普通の人」であってほしい。母たちはそういう

お正月　息子と娘と

考え方はしていなかったと思います。

　子どもを育てるにあたって、子どもたちには、集団に順応しながらも、あくまで「個」であるということを伝えたいと考えていました。夫も同じく、人間には基本的に自由があるという立場でした。どんな職業に就いてもいいし、どんな人と結婚してもいい。そう子どもたちに伝えたかった。芸の家から芸の家に嫁に来たからこそ、かえってそう思えたのかもしれません。全然違うところから来たお嫁さんが、子どもには必死に芸を教えようとするという話も見聞きします。お医者さんの家に生まれた子どもは絶対お医者さんにならなければならない、というような。それは苦しいことです。

子どもたちも小さいころから長唄を習い覚えてはいましたが、絶対にこの道へ進めと強制したわけではなく、趣味としてやってもいいと考えていました。しかし子どもたちは結局、みな伝統芸能（長唄）の世界に進みました。

長女（小三友）は三味線の才能に恵まれ、技術者として、演奏家として、芸の伝承に期待しています。

長男は小三郎を継ぎ（七代目）、家元になりました。私から見れば、まだまだ立派に家元の役割を果たしているとは思えませんが、芸の面でも他の面でも、だんだんわかってきてくれているとは思います。彼の経済感覚にはすぐれたものがあります。数字にも強い。これは私にないものです。

次男の友孝はお芝居の世界でお世話になり、三味線を弾いています。他の流儀の方々に囲まれ、厳しい環境での経験は必ず役に立つことでしょう。

選択肢のあるなかでそれぞれ本人の意思で選んだといえばかっこいいですが、結局は私も伝統の世界に負けたといいますか、いまでは、伝統の世界で子どもに自由を与えていては、時代を背負うような名人は出にくいと思うこともあります。それ以外の道はないと思わせたくはなかったけれど、そうしたほうがよかったのかな、強制されたほうが本人も幸せということもあるのかな……。

子育ては思い通りになりません。だからこそ、その思い通りにならない経験によって、育てる側にも幅ができるものだと思います。

三

芸と継承

長唄という古典芸能の世界で、私はつたないながらも演奏家として、そして伝統の継承者として活動して参りました。

芸を磨く

技術と模倣

私見として、はじめに一言でいえば、芸は「技術」。技術の集大成が芸ではないでしょうか。その上で型を模倣すること。

どういう角度で三味線や撥《ばち》を持って、どのような力の入れ方で演奏すればよいかという技術を習得する。その意味で、三味線には理数系の頭も必要です。

そして、教える側にも「技術を教える」という意識が必要になってきます。いままでの教育ではそういうふうに教えることはほとんどなく、私自身が娘時代に習っていたときも同じで、何も考えずただただ先生の前に座って真似をする、というのが当たり前でした。しかし「芸は技術である」という考えをもとに、練習のためのノウハウを取り入れることで、みなもっと早く弾けるようになり、そして上手になると考えています。

三味線と唄からなる長唄のうち、唄は私の専門分野ではないので確たることは申し上げられませんが、唄の練習は、その人の持って生まれた骨格や声帯をいかにして周囲の筋肉を使って活かしていくかという修練なのかとも思います。

私は実際に、ＮＰＯでの活動を経て、三味線の指導方法に関して自分なりのマニュアルを作っています。三味線の持ち方、バチの当て方の角度まで指定して、講師はどこへ行ってもこの手法で指導するようにと、指導方法を統一しました。さらに、この段階が終わったらこちらの段階に進むということも決まっています。ピアノでいうバイエルのようなものですね。

このような技術的な訓練に加えて、三味線弾きとして玄人の演奏家になるには記憶力や暗記力も不可欠です。演奏会では譜面を見て弾くことはできないので、一ヶ月に一曲くらいは覚えなければなりません。三味線の上達のためには、総合的に頭を使う必要があります。

総合的と申せば、高齢化の進んだ現代において、三味線を弾くことで右手と左手で異なる作業をして頭を使うことは、脳の老化を防ぐとてもよい作業ともいえます。

経験

さらに必要なのは、「毛氈《もうせん》の数」、つまり経験を積むことです。「毛氈の数がかかっている」と言えば、「たくさん経験をしている」という意味です。その人が何度も人前に座ってパフォーマンスをしているかどうかは、音にも見た目にもあらわれます。経験を積んだ人は、あがらず、堂々としています。基礎をしっかり作り、その上に一つ一つ積み上げていくことが、長唄の演奏には必要です。

感性と間《ま》

そのように練習を重ねて、一定水準までいくと、感性が必要になります。基礎ができてからは、芸は人に習うのではなく自分で作り上げるものです。技術はあるけれど機械みたいな演奏になってしまうのはいかがなものでしょうか。実際に演奏する上で、感性はとても大切なものと考えます。

長唄の内容を聴かせるためには、ただ唄い、弾けばよいというものではありません。その重要な土台となるのは先ほどの「技術」です。技術がなくて情感ばかりではだめ。ですが、その土台の上に「感性」があります。感性はさまざまな経験から出てくるもの。人生経験が曲を読み込む力になり、歳を重ねるほど、曲への理解が深まります。いろいろな経験をし、たくさん弾いたり唄ったり、よいものを聴いたりすることによって、感性が育っていくのです。

ただしその「よいもの」が難しい。何がよくて何が悪いかをどう判断すればよいのでしょうか。「耳の生い立ち」という言葉があります。最初に習うものは大事です。

白紙のときにインプットされたことは、それが最上であると終生思うようになります。

もう一つとても重要な「間《ま》」というものがあります。これも多分に天性の資質がありますが、「間がよい」ということは、心地よく聴くことができる、目には見えない重要な要素です。これは生活の全般にも言えることです。「間抜け」はいけないと先人たちが言葉にしておられました。

名人慈恭

長唄の演奏には、作曲者、唄い手、弾き手、そして聴き手、それぞれの感性が必要です。吉住慈恭と稀音家浄観が始めた「長唄研精会」（一六二頁参照）は、一般家庭のなかに日本の音楽として長唄を広め、数多くの愛好者を育て、素人でも聴く耳を持った人々を数多く育てました。

私どものお稽古場の前には、「永言」という碑が立っています。これは、「唄は長い言葉である」という意味で、慈恭の言葉です。歌舞伎の伴奏音楽から独立した研精会の長唄は、目の前で役者が演技しているのではないからこそできる表現を持っています。だからこそ、聴き手に対しても、知的レベルや感性の高さを求めるところがあります。どんなに努力し、研鑽しても、演奏に完璧はありません。そこで評価はお客さま（聴き手）に委ねるしかないのですが、いまではなかなかそのようなお客さまも少なくなってきてしまいました。

「技術」と「感性」が重要だと先ほど申し上げましたが、演奏家のなかにも、感性には頼らず、また技術ではなく自分の骨格や声帯を無意識のうちに活かして表現する人もいます。天才と呼ばれる吉住慈恭さんはまさにそういう方でした。

『源氏物語』を題材にした「葵の上」という曲に、「沢辺の蛍」という場面があります。梅若の父と慈恭さんが話していたとき、父は「その場面を表すときには蛍が見えているのですか」と訊きました。父からすれば、きっとそのとき、蛍が見えているのだろう、そのくらい豊かなイメージの世界でこの人は取り組んでいるのだろうと思っていたのです。しかし慈恭さんはあっさり、「何も見えていませんよ」と答えたそうです。聴き手や観る人がそう感じればよいということでしょう。感性の上をいくのが名人、天才ですね。

慈恭さんはお稽古のときも、自分がお手本を示すのみで、くり返しくり返していねいですが、最後には「まあそんなものだろう」で終わります。そこに理屈はないのです。

長唄は一人ではできない

長唄の演奏は一人ではできない、共同体として行うものです。よい演奏をするためには、自分だけよければいいという考えを捨てる必要があります。

長唄では、「五丁五枚」など、「丁」と「枚」で唄と三味線を数えます。「五丁五枚」なら、三味線が五人で唄が五人という意味です。舞台上で並びの真ん中にいるのがリーダーで、タテ三味線、タテ唄と呼ばれます。彼らが、西洋音楽でいえば指揮者、あるいはバンドマスターの役割を果たします。

練習のとき私はいつもこう言います。「五丁五枚」であればこのメンバー十人が一つの船に乗って、タテ三味線とタテ唄の二人を船頭として向こう岸に渡ると考えてく

お弾き初め（新年の行事）

ださい。その向こう岸が演奏会です。うまく向こう岸に渡るためには、つまり演奏会で最高の演奏をするためにはどうしたらよいかを、みなで考えていきましょう、と。

チームのメンバーすべてが同じ技術を持っているわけではないし、ことに女性は長唄にかかわる立場も違い、経験している場数も違います。専業もいれば、仕事をしながら練習している人もいる。そのようなチームでよい練習をし、よい演奏へと仕上げていくためには、一人一人がそれぞれのメンバーを把握することが必要。そして指揮者たるタテ三味線やタテ唄にはことにそれが求められます。これは一般の集団や、社会生活にも当てはめることができると思います。

長唄のお稽古

お弟子さんに教えることも、私たちの大事な活動の一つです。

ゴルフでもツアープロとレッスンプロがありますが、三味線にも似たようなところがあって、演奏家と師匠としての活動は性格が違います。

長唄の世界はお稽古事として成り立っている部分も大きいですが、師匠によって、お稽古の方法にも料金設定にもかなり違いがあります。通常は月謝制のことが多いのですが、それだと一度も行かなかった月にも料金が発生してしまいます。私のところでは、好きなときに好きなだけ来ていただければと考え、年会費に加え、レッスンごとのレッスン料の支払いとしています。

長唄のお稽古は、お子さまにはまず基本となるお辞儀の仕方や座り方から始めます。

大人の方にはそこまでうるさく言うことはありませんが、稽古場へはいろいろな方が出入りしますから、他の方々の姿を見ながら稽古場での所作を身につけていただきたいと思います。特別なことではなく、お辞儀の仕方や、後の方への挨拶、自分の体温で暖かくなったお座布団を裏返しにすることなど……。

お稽古にはグループでするものと、一対一でするものがあります。私は、NPO法人「三味線音楽普及の会」（一一九頁参照）での活動では通常グループレッスン、お弟子さんへの指導は一対一の個人レッスンで行っています。グループレッスンでは一律に進みますが、一対一での指導ではこまやかにその人のペースに合わせられるのがよいところです。演奏会が差し迫っている場合などを除いては宿題もありません。ただ、他の人に負けないようにと、競争相手がいるほうが伸びることも往々にしてあります。英会話教室と似たような感じでしょうか。

バチなどの小物は自分のものを持参し、三味線自体は稽古場にあるものをお貸ししています。少し上達したら三味線を買って、家でも練習していきましょう。その場合も、私は新品を買うことはあまりおすすめしていません。私たちはNPOで、たくさんの三味線の寄付を頂戴していますので、そちらの中古をきれいにしたほうが、かえって弾きよいと思います。さらに上達してから、奮発して自分の三味線を買えばよいでしょう。ちなみに三味線の価格は、六～八万円くらいのものから、一〇〇万、二〇〇万するものまでさまざまです。

師匠として

師匠として必要なのは、なにより「待つこと」と思います。根気とでも申しましょうか。三味線は、待って待って待って、ある日突然うまくなることがあるものです。お弟子さんを厳しく叱る方もいますが、私はプロ以外の方を叱ったりはしません。

常に心がけているのは、相手が何を求めているのかを知ることです。プロであれば完璧なものを、趣味で来ている方には楽しさを。仕事の忙しい方には、その時間の頭脳の解放を。

また、相手ができることを見極めて、その少し先の課題を与えることも大切です。

もう少しがんばればここまでいけるという課題を提示することが、師匠の役割だと思います。

レッスン中や終わった後の相手の顔には満足度があらわれます。目の前の方が満足したという顔をしてくださったときには、私もよかったな、成功したなと感じます。こちらが、この日までにここまで進めなければならないと思って、無理をさせてしまうこともときにはあります。そうならないよう、場合によっては曲を一部抜くなど、工夫できることがあるはずです。演奏の到達点はさまざまで、その到達点をどう設定するかは、師匠にかかっている部分です。

望まれる師匠

これを読んで三味線を始めてみようかなと思っていただけた方には、きちんとした人にきちんと習っていただきたいと思います。できれば、始めるのは若いほうがよいでしょう。若いころに習ったことは忘れませんから。でも、お年を召してからでも十分楽しめます。私のお弟子さんにも、六〇歳で始めた方もいれば七〇歳で始めた方もいます。

仏教でしたか、「正しい師について入門せねば、本格的なことは理解できない」という言葉があります。どういう先生につくかは本当に大切なことです。長唄を教えるのに国家試験的なライセンスは必要ありませんので、教える側の技術や経験、理解度もさまざまです。私たちも、試行錯誤しながら師匠としての経験を積んできています。ただ、この「きちんとした」がどういうことか、外見からはわからないところが、運・不運とでも申しましょうか。また、先生との相性も非常に関係してきます。むずかしいところです。

古典芸能の世界における女性

男性と女性は筋力や能力など、どうしても違うところがあると思います。置かれている立場も違います。それをふまえた上で、女性ができる、自分を主張するための方法論を探してきました。男女共同参画社会と言われて久しいですが、女性が持っている特性を発揮することで、世の中全体もよくなると思います。

芸の世界は現在ではまだまだ男社会です。能ほどではないにしても、長唄もやはり男性の力の強い世界。そして、マイクを使わずに力強く声を響かせるとか、大きな力強い三味線を弾くといった点で、女性は男性にかなわない部分もあります。チームを引っ張っていく統率力も、男性の方があるように思います。一方で、ハーモニーを響かせる、繊細さなどは女性のほうが得意でしょう。

古典芸能の世界において、女性には、異なった意見を一つにまとめるための潤滑油としての役割があると思います。そのためには、自分と考えが違うと感じたときにも、一旦は他人を肯定することが必要です。先ほども挙げた、柔軟性が重要です。

そして、芸をつなげること、つまり伝承も女性に向いていると思います。たとえば、長唄以外の三味線のジャンルである古曲などは、ずっと女性たちに支えられ、伝えられてきました。その世界のなかでの女性の地位は低かったとしても、実際にはそうだったのです。

芸を愛した女性たち

私の記憶のなかにある、芸を心から愛した女性たちをご紹介します。

白洲正子さん

白洲正子さんは、女性で最初に能をした方として知られています。四歳のころから、私の祖父である二代目梅若実に能を習い、女人禁制であった能の舞台に立ちました。ただし、プロの能楽師としてではなく、あくまで素人としてですね。現在でこそ、女性でプロの能楽師の方々もいらっしゃいますが。

文筆家、文化人としての姿より、子ども心に女性でもこれだけ本気でお酒を召し上がる方を初めて見たという印象が強く残っています。祖父のお弟子でいらした彼女は、父とは師弟というより幼なじみのような関係で、舞い終えた後の食事会では芸に対する論じ合いで酔いつぶれ、翌日麻生和子さまが迎えにいらしたこともありました。個性豊かで、子ども心にはどこか怖い感じのするおばさまでした。

　戦後、鶴川のお宅に能装束をお預かりいただくなど、梅若家全体でたいへんにお世話になりました。彼女が求める能は、幼いころからの師である祖父実の芸であったと思います。

武原はんさん

日本舞踊家の武原はんさんも、私にとってそういった方々のお一人です。芯は強いし、情熱を持った生き方は本当に一途でした。

本業の踊りはもちろんすばらしいのですが、三味線もお好きで、覚える姿勢も真摯でした。なにより舞台の上で自分を光らせることをよく知っている方でした。髪型一つ、着物の着方一つにしても、すべてご自分でなさっていて、自分がどうしたらよく見えるかを細やかに意識していらっしゃいました。年をとっても鍛錬を欠かさず、真向法体操で開脚するなどトレーニングも毎日して、本当に、舞台で美しく魅せるための努力を惜しまない方でした。

あるとき「勧進帳」の上調子(高音を出す演奏方法)を弾きたいとおっしゃられました。「カセ」という小道具を用い、かなり高度な技術を要するものですが、彼女は見事完成なさいました。その折におっしゃったことでは、お手洗いの中まで譜を貼って覚えたと。まさに受験勉強並みのご努力でした。鼓も大鼓もこなされ、何事にも一生懸命取り組む姿が素敵でした。

遠藤順子さん

小説家・遠藤周作氏の奥さまです。現役で、当流の「吉住小桃女」さんという名を持つ方。唄も三味線も本当にご熱心で、さらに師匠(小桃次師)に対する彼女の礼の尽くし方は半端ではありません。師匠の家族にも気を配られるなど、昔ながらの後援者として、ありがたく思っております。

「道成寺」を唄われた後、日高川に旅をされ、その波音に私が弾かせていただいた「早笛」の合方が聴こえたとお葉書をくださったり、ご主人の看病をしていた病院の屋上で、お洗濯物のバケツに映る月から「汐汲」の一節を感じられたり、まさに小説家の奥さまで、芸を愛してくださいました。

プロの演奏家ではないけれど、一流をきわめる方々。豊田章一郎さんの奥さまであり豊田博子さんのお母上である三井興子さん、建築家・吉田五十六さんの奥さまの吉田初枝さん等々。有名な方でなくとも、永年のお稽古の積み重ねによって、お素人でありながら玄人もかなわないような芸を持っていらっしゃり、終生楽しく邦楽と親しんでくださいました。古典芸能はこのような人たちに支えられてきた部分も大きいのです。

研精会と吉住会

私は長唄という古典芸能の世界の内側で、女性の立場や存在を強化したいと思って活動してきました。

吉住流には昔から、女性だけのプロ集団「吉住会」があります。この会は当初、男性の組織である「長唄研精会」の下部組織として生まれました。長唄研精会は吉住慈恭と稀音家浄観とで作ったものです。

杵屋さんの方には「稀音会」というこれも女性の演奏家の会があり、吉住のほうにはこの吉住会で、大正八年にできました。リーダーは吉住慈恭で、彼に憧れた女性のお師匠さんたちが集まったものです。吉住会には人に教えることが得意な方が多く、慈恭の目指した「家庭音楽としての長唄」は、彼女たちの着実な活動によって、日本の家庭に伝播したといえます。花柳界や歌舞伎に関わる人々ではない、普通の人たちが長唄や三味線を趣味としてなさるようになったのです。

私もこの「吉住会」を引き継ぎ、演奏会などの活動を続けています。現在二一一回、もうじき百周年を迎えます。

吉住流門下で「吉住小〇〇」という芸名を持ち、「名取り」と呼ばれるなかでも、演奏会に出るのは力があり、そしてやる気がある方々です。現在、「吉住会」の演奏会は年に二回のペースで行っています。一度は国立劇場やよみうりホールなど大きな会場で行う本格的な演奏会。もう一度は小さい劇場で、そこは主に、若手を育てる場と位置づけています。いつもは「タテ」すなわち主役にならない方を主役にし、いつも主役の方にはそのサポート役に回っていただくという会です。

その他、地方都市のなかでも芸どころといわれる名古屋では、一年に一度の定期演奏会を現在五五回続けています。

普及活動（NPO）とその成果

学校での活動

私は「NPO法人 三味線音楽普及の会」という団体を立ち上げて活動して参りました。これは「吉住会」の活動の延長にあります。

平成一〇年の学習指導要領の改訂により、中学校で和楽器を教えることになりましたが、現場の先生たちは和楽器や邦楽のことをほとんど何も知りませんから、生徒に教えることはできません。そこでとっつきやすい和太鼓が選ばれることが多かったのですが、私はこの機会に、学校現場で三味線を普及させられないかと考えました。このとき学校現場で和楽器が大量に必要とされるという情報を受けて、もともと和楽器を作っていたわけではないメーカーが粗雑な楽器を作って売りはじめていたことへの危機感も強くありました。

しかしただ三味線を弾けるからといって、教授法を持たない人が行っても一度に何

NPO名古屋支部の講習会

十人もに教えられるわけがありません。そこで、組織的に教授法を確立することが必要だ、しかしどうしたらよいだろうかと考えていました。
　そんなとき、あるところで中曽根康弘さんと与謝野馨さんにお目にかかる機会があり、「それならＮＰＯだよ」とお聞きしました。あとから考えれば、そのとき、自民党の政策として、いろいろなＮＰＯの設立を進めていたという背景があったようです。
　ＮＰＯという仕組みについて、それまで考えてもいなかったのですが、組織にすることによって学校現場に入りやすくなるのではないかと思いました。そこで、夫を理事長として「三味線音楽普及の会」を手探りで立ち上げました。当初は組織も未熟でしたが、できることだけをやっていこうと考え、人材・資金面など進めてまいりました。現在では各種古典の協会の末席に名を連ねるまでとなりました。また、団体としたことによって、当初のねらいどおり学校に受け入れていただけるようになりました。

ＮＰＯでは、音楽の授業に行ったり、文化祭の練習のお手伝いをしたりと、受け入れ先の学校の事情に合わせて柔軟に活動しています。学校が求めることをヒアリングして、そこに沿っていくというかたちです。いままで述べ十二万人に、とりあえず三味線を持つということはしてもらいました。

このような実績はありますが、正直にいえば、いまは次の段階をどのように進めるか、これからどうしようかと模索しているところです。とりあえず三味線には触ってもらった、それはそれでよいのだけれど、なかなかそれが次につながっていかないのが悩みどころです。

また、短い授業時間の中、三味線を弾くだけで終わってよいのかと考える部分もありました。そこでいまは、弦楽器を通じて日本人としてのアイデンティティ、人と人とのかかわりや和の心について広く伝えたいと考えています。

いつもこんな話をします。音と音をつなげるのが弦楽器です。このつながりのなかで、三味線は日本の四季や森羅万象といういろいろなものを表します。音をつなげる三味線のように、人間も白黒つけられない多様性を持つもので、お互いを認め合い、共生することでつながりをもちましょう、と。現場の先生たちはとてもよい反応をくださいます。三味線を持ったという実体験と、このような話を、あわせて思い出していただけたらと思います。

ＩＮシリーズ

学校での活動が軌道に乗ってきたところで、さらに大人に向けたＮＰＯの活動をと考え、「ＩＮシリーズ」というコンパクトなライブを二〇一五年ころから始めました。定期演奏会などに足を運んでいただくのではなく、私たち自らが出前出張する会です。

あるとき、お弟子さんの一人が、「おさらい会」にも何度か出演したが、違ったかたちで普及の手伝いをしたいとおっしゃり、ご自分の故郷である新潟の村上で三味線の演奏会を開きたい、私にもそこに来て演奏してほしいと提案してくださいました。そこで、その方の得意な曲を中心にプログラムを組み立て、お客さまも一〇〇人くらいまでの、体験やトークを交えた小さなライブを行いました。このような機会をいただいたことで、そうか、このような形の普及方法もあるのだなと考えました。

とにかく三味線の生の音をまず聴いていただきたい。そう考え、いままでに約一〇都市（新潟、村上、三条、神戸、高知、鎌倉、長野善光寺など）で開催しています。この二〇一七年の五月には横浜にも行きました。今後も各地を巡りたいと思っています。

イベント

二〇〇五年の愛知万博の際、サイドイベントとして「こども環境サミット」が開かれました。このイベントは、世界の五六か国から子どもたちが集まり、環境問題について話し合ったり、さまざまなアトラクションに参加したりするというものです。私たちのNPOも三味線の指導としてこのイベントに関わらせていただきました。「こども環境サミット」の開会式では日本の子どもたちが三味線を演奏し、世界各地から来た子どもたちにもサミット期間中に三味線を教えて、最後のパーティーでは、みなで浴衣を着て三味線を演奏しました。

また、二〇一二年、東京スカイツリーがオープンしたときには、墨田区主催のイベントにお招きいただき、一〇〇人の子どもたちとともにスカイツリーの下で演奏しました。こういうイベントはやはり参加した方々の心に残りますね。二〇二〇年に開かれる東京オリンピックのときにもなにかできればと考えています。

先日は「吉住祭り」という流儀全体のお素人の方のイベントがあり、ここで初めて国立劇場の舞台に上がった方が六五人もいました。舞台に上がるという心のときめき、そして緊張感は何にも代えがたいものです。私たちのほうで着物や三味線などの環境を整え、そのような喜びを気軽に、多くの人に味わっていただきたいと思います。

三味線体験　横浜・隣花苑にて

ＮＰＯ活動について

長唄の世界で、ＮＰＯというかたちで活動をしている方々は私たちの他にはいないと思います。

ＮＰＯは非営利ということで、予算が限られていますので、賛同していただける方からの会費や、三味線のご寄付をいただいて活動をしています。新しい三味線は一丁も買わず、いただいたものを使っています。祖父母の方々の使っていたものをいただき、直せるものは直したりして。

演奏家の方々も、講師として学校に行ったりすることをみな喜んでいますね。ただしやはり向き不向きがあって、生きがいを感じて熱心に取り組んでいる人もいれば、苦手という人もいます。

この非営利の活動を支えているのはなによりスタッフたちの献身です。これがなくては活動を存続させることは不可能です。感謝とともに、この活動を次代へつなげていってほしいと念じます。

海外公演

あちこちからお誘いをいただき、海外での演奏も行いました。

ベルギー・オランダ

二〇〇二年、ベルギーからオランダにかけて、女性のみによる「むすめ歌舞伎」公演を行いました。世界各国のさまざまな演劇を集めて開催される「World Music Theatre Festival 2002」というイベントからお声をかけていただいたものです。

私はこのとき演奏部門のプロデューサーとしてツアーに参加し、娘の小三友が中心となって演奏を行いました。アムステルダムなどの七都市で八公演を行い、すべてがスタンディングオベーションという成功を収めました。

故宮博物院「故宮戸外藝術節」野外ポスター

台湾・故宮博物院

二〇〇七年には、台湾の国立故宮博物院が二月にリニューアルオープンした際、その記念イベント「故宮戸外藝術節」のメイン公演として、能と三味線による「獅子」と「楊貴妃」を屋外で上演しました。能は弟の梅若六郎が演じ、姉弟での共演となりました。

台湾と日本とは正式な国交がありませんので、公演の準備から実施までには数年という時間といろいろな手間がかかりましたが、その間、さまざまな方々や国際機関にご協力いただきました。また、

「楊貴妃」故宮博物院にて

故宮博物院の院長は初の女性院長ということから、女性同士お話しさせていただき、相互理解が深められました。

世界有数の博物館である故宮博物院のリニューアルですから、とても大きなイベントです。さまざまなアーティスト、パフォーマーが集まるなかでも、私たちは大きく扱っていただき、当日は一三〇〇人もの方々に集まっていただけました。ありがたいことだと思います。

甥である藤間勘十郎の曲付けの「楊貴妃」を私たちで演奏し、それに乗って日本の能装束を着けて舞う。その美しさは、故宮の夕陽が差す城壁で文化に国境はな

パリ・オデオン座にて

いと感じた一瞬でした。

パリ・オデオン座

翌二〇〇八年の一〇月には、パリのオデオン座で、日仏交流一五〇周年を記念して「ＧＥＮＪＩ」を公演しました。二〇〇八年は、『源氏物語』ができて一〇〇〇年という記念すべき年でもあります。私たちの公演では、この物語の登場人物のなかでも六条御息所に光を当てて、箏曲、長唄、能、すべて新作を演じました。ここでも弟の梅若六郎、また藤間勘十郎とも共演しました。

台湾公演で体感した、垣根を越えた日本の古典を海外の人に知っていただく試みを再び実現することができる機会。「六条御息所」という一人の日本女性の内面も、パリで理解していただきたく思い、この公演に取り組みました。

パリ公演のチケットは即日完売となり、当日もスタンディングオベーションで迎えていただきました。翌月には京都で凱旋公演を行い、翌年には東京でも上演しました。

イギリス

二〇一三年には、イギリス・ノーリッチ市において、和紙の理解を深めることを目的とした展覧会の日本文化理解事業に参加しました。

和紙をモチーフとした長唄「加美の里」やさまざまな音のパフォーマンス、および地元大学とのワークショップで、日本の紙すき職人さん方とともに日本文化を紹介しました。

ウズベキスタン・青の広場

最近では二〇一五年。ウズベキスタンのサマルカンド、「青の広場」で開催された、世界東洋音楽祭「シャルク・タロナラリ」に参加しました。「シャルク・タロナラリ」とは、「東洋のメロディー」という意味で、二年に一度、一週間ほどにわたって開かれる音楽祭です。「東洋」と付いていますが、いわゆる西洋音楽（クラシックなど）以外のさまざまな伝統音楽や民族音楽の奏者が世界中から集まってきます。

私たちは日本の四季をテーマにしたパフォーマンスを行いました。中央アジアのこの国は、戦中からの日本の捕虜たちの献身のためにたいへん親日的であり、先人たちがきちんと残してくださった日本人の魂に触れ胸を熱くしました。

各演奏者は、各国から集まった専門家たちから審査されます。私たちはこのとき、世界第一位を受賞することができました。三味線の音は「ファンタスティック」、日本の女性は「ベリー・ビューティフル」と評価してくださいました。

サマルカンド　青の広場にて

海外公演を経て

海外へ行くたびに、とても大きな反響があります。行くときはいつも、海外の方にわかってもらえるかどうか自信がないままに行くのですが、反応は本当にいいですね。みなさまの反応を見ると勇気づけられます。

海外で演奏をするにしても、本物でなくてはだめだと思います。そして、海外でそれを実現するには、とくに総合力が必要になります。関わっていただいているお一人お一人のご協力を得て、ここまでやってくることができました。

海外公演では、まず、音が美しいことが第一です。国内でやるときとまったく同じで、心地よい音は誰にとっても心地よいものです。自分の気持ちのよい音、気持ちのよいアンサンブルを作っていけば、きっとわかっていただけると思います。

そのつぎに言葉、歌詞が大切です。私たちは、毎回ではないですが歌詞を翻訳した字幕も付けています。台湾の故宮博物院での公演の際、それからパリでは関西テレビの協力を得て付けることができました。字幕があるとないとでは、やはり反応は違います。

　そして、外国の公演では、見た目が品よく、整っていることも必要です。音と言葉だけではなかなか通じないので、弟に協力してもらうなど、私たちも目で見てわかってもらうためのパフォーマンスを意識的に入れています。このように伝えることを工夫すれば、内容は万国共通の理解を得られると感じました。

　これまでいろいろなことをやってきましたし、私たちに企画力はあると自負しています。でもそれを実現するための資金がありません。また、今後は後の世代にも、このような企画を進んで行ってもらいたいと思っています。

伝統とは何か

「伝統」とは、「アイデンティティ」や、「わび」「さび」などと同様に、なんだかとらえどころのない言葉ですね。「伝統とはなんですか」と訊かれるとなかなか答えづらいものですが、端的な言葉で、的確に言い表さなければならない時代になってき

ている と思います。

私の思う伝統とは、「時代時代にあっての積み重ねのなかで万人に普遍的に受け入れられてきたもの」です。最初にあったものが変わらずにずっとあるのではなく、それぞれの時代に生きている人々のニーズを取り入れながら、途切れてしまわず、時代ごとに影響を受けて変わってきたもの。単に古いものではないのです。

たとえば、平安時代には美しい自然といえばもっぱら春の桜と秋の紅葉だったのが、時代が下るにつれ、秋のわびしさや冬の厳しさにも美を見出すようになる。美意識一つとってもこのように変化しています。伝統とはこのように、なくならないけれど、常に変わりつつあるものだと思います。

だからこそ、現在も、常に新しいものを入れていかなければいけません。現代の伝統、「昭和と平成はこういうものを作った」と後世になって言われるようなものを。そして、いつの時代も受け入れられているのは、そこに普遍性があるからこそだと思います。

坂東さんとの対談でもお話ししましたが、長唄はいま、危機にあります。二〇年来の経済不況もあって、長唄を楽しみ、ときに厳しい批評をくださるようなお客さまが減ってしまいました。私たちの活動は、途切れてしまったものを取り戻すのではなく、新たに木を植えていこうとする試みです。時間はかかりますが、そういう方々をまた育てていければと思っています。

これからの長唄に向けて

自分の役割

現在長唄が置かれている状況はたいへん厳しいものです。それを一気に変えることは難しいでしょう。徐々に変えていくしかありません。それでも私は、長唄の世界が好きで、自分のできることを通して、この世界のなかにいながら変えていけたらと思います。

坂東さんが、あの対談のあとお会いしたときに、「私は言葉でみなを引っ張っていくけれど、吉住さんはそこにいるだけでいいのよ。そこにいるだけで伝統というものを人に伝えていくことができる」とおっしゃっていました。これは、とてもうれしいお言葉でした。

先人がつむいできた長唄という文化はすばらしいものだと私は思っています。私はそれを後世へとつないでいかなくてはなりません。

そのためには、いまよりもっとわかりやすくする必要があるでしょう。まず、三味線のメロディーは外国でも高く評価されていますし、十分に生き残る力を持っていると思います。ただしリズムと唄の言葉のほうは、どうしても現代の人にはわからなくなってきています。演奏会をやっていても、初めて長唄を聴いた方はやはり言葉が聞き取れないとおっしゃいます。それでも、言葉を捨てたくはない。日本の言葉に載せる三味線でありたいと思っています。

具体的に変えていく試みとしては、さきほどの「ＩＮシリーズ」もその一つです。このシリーズでは、演奏会を行う土地に合わせた選曲を試みたり、曲の解説の方法の変更も視野に入れています。これまではその曲ができた歴史的な経緯などを解説していたのですが、そこから、もっといまの方々の日常的な感覚に寄り添ったものにしていこうと思っております。

たとえば「娘七種《むすめななくさ》」[3]という曲のなかには、春の七草の詞章が出てきます。このときは、「せり」「なずな」という、七草の言葉を聴いてください、現代人から見たら雑草と思えるような草もありますが、土からいただいた草を食べることによって無病息災を願うという気持ちは現代にも通じるものですよね、とお話ししました。現代に通じる語句や文言を長唄の中から聴き取ってもらうことで、曲を理解していただきたいと思います。

また他にも、「石橋《しやっきょう》」[4]という曲では、「大江定基という人物に注目して、この人がどういう気持ちで、どうなったのかを聴いてください」という解説にしました。曲全体をまんべんなく解説するのではなく、ポイントを絞って解説することで、長唄のことばを意識的に聴き取っていただけるのではないか、そして三味線とともに味わっ

3 二世杵屋六三郎作曲。作詞は不詳。

4 「石橋」（能）を題材として、一〇代目杵屋六左衛門が作曲。寂照法師＝大江定基が浄土天台山にのぼり、深い谷にかかった石橋を渡ろうとすると……。

ていただけるのではないかと考えています。

もう一つの試みとして取り組んでいるのは、曲のテーマについて演者に課題を与え、まとめてもらうということです。演者も曲の内容について考えて演奏するべきだと思ってのことです。

「巽八景《たつみはっけい》」[5]という、深川や永代など、江戸のさまざまな景観が詠みこまれている曲があります。この曲を演奏する人には、その場所が現代ではどうなっているかを調べさせました。演者が曲を理解するきっかけにもなりますし、聴き手の方からも面白いという感想を聞くことができました。これは最近始めたばかりですが、これから一年くらいやってみようかと思っています。自分の生活と結びつけて、曲の内容に興味を持っていただけるとうれしいですね。

5　十代目杵屋六左衛門作曲、二代目烏亭（立川）焉馬作詞。参詣地であり歓楽街でもあった、江戸時代の深川の賑わいを唄う。

長唄人に向けて

私が抱いているような危機感を長唄に携わるすべての人々と共有できているようには思えません。もちろん、同じように危機感を抱いている方もいらっしゃいますが、どうしたらよいかわからないし、わからなくても自分の利益に直接つながるようなことでなければ考えようともしていないようにも思われます。

主人の若き日、番町の家で、杵屋喜三郎様を中心に、未来の長唄界に思いを馳せる人々が盃を酌み交わしておりました。酔うほどに「ここは長唄の梁山泊だ」と叫んでおられた杵屋巳太郎（現浄貢）さんのお姿が懐かしく思い起こされます。

現在でも、主人の親友であり、また父上の芳村五郎次さんと梅若の母との親交深かった、鳥羽屋里長さん（前長唄協会会長）を中心に、さまざまに試行錯誤しながら、各流派の方々により話し合いがされているようです。里長さんにはこの本の題字をお書きいただきました。

各流派の方々での話し合いでは、みなそれぞれの地位もあり、それにともなう制約が生じてしまいます。保守的な世界ゆえ、俗に言われる「総論賛成、各論反対」という結果になりがちです。家元制度が中心の組織ですから、若い家元方のさらなる芸の精進と、広い視野、柔軟な新しい感覚に期待したいと思います。

私も現状をどうしてよいかわからないということでは同じです。それでも各自が自ら考えながら、ここまで申し上げてきたようにいろいろな新しい試みをしてきました。「夢みたいなことを」とよく言われますが、まずやってみなくてはと考えます。ただし、試みを継続していくためには経済的な裏付けも必要になります。

長唄に興味をもった方へ

この本がきっかけとなり長唄に興味を持ってくださった方には、まず演奏会へ行って、生の演奏を聴いていただきたいと思います。インターネットなどで探せばたくさん演奏会の情報はあります。私たちのほうからもいろいろなアプローチをしますから、まず演奏会に足を運ぶことから始めていただければ。

そしてつぎに、ぜひ三味線を触ってください。自分の耳で聴いてみて、よかったな、自分の耳に合ったなと思える方のところへ入門してください。それは吉住という流派ではないかもしれませんが、それでもまったくかまいません。また、私たちのＮＰＯ「三味線音楽普及の会」へもぜひいらしてください。私たちもできるだけ門戸を広げ、みなさまの目に触れる努力をしていきたいと思っています。

四
女性とご奉仕

私は女性ボランティア団体である「国際ソロプチミスト」での活動を二五年ほど続けています。ここでの活動は、古典芸能の家でずっと生きてきた私にとって大きな転換点となりました。日本では広く知られているとは言えませんが、みなさまにこの存在だけでも知っていただきたく、ここに記します。

ソロプチミストとは

ソロプチミストという団体の第一義は「ご奉仕」です。そして、ご奉仕を通して「女性の自立」と、「女性のリーダーシップの育成」を進める。この二つが団体としての目的だと私は考えています。

ソロプチミストはもともと、オークランドで、メタセコイアの木の伐採に反対する女性たちによって作られました。つまり自然保護に声を上げた女性たちの集まりから始まったのです。ロータリークラブやライオンズクラブとならんでボランティア団体の草分け的な存在ですが、近年は他にもボランティア団体が増えてきたことを受けて、

日本の旗手として（ソロプチミスト連盟大会　ニューヨークにて）

主なテーマを「女性と女児」に絞ることになりました。これは一種のブランド化ともいえます。

世界に向けての活動

現在、私たちの活動の内容としては、世界に向けてのものと、地域に向けてのもの、両方があります。

世界に向けての活動としては、世界各地にある組織をとりまとめる国際ソロプチミストが、四年間の「統一テーマ」を設定しています。また、NGOとして国連の諮問機関の一つとなっており、逆に私たちから報告書を提出することで、国連の目標に影響を及ぼすこともできます。

定められた統一テーマに対して、世界中にいる私たち会員が少しずつ出し合ったお金で援助します。これにより、世界でいま起きている問題を知り、そこに自分がかかわっていることを自覚することができます。社会を見る目が養われました。

地域での活動

世界的な活動の一方、自分の属する地域ごとの組織で、地域に密着したご奉仕も行っています。

地域での活動として、現在の私たちの柱は大きく二つあります。一つは「夢を生きる」、もう一つは「夢を拓く」です。

「夢を生きる」は、いまスキルアップのために努力している女性への援助です。たとえば看護師学校に通っていて、准看護師から看護師になるためにがんばっている女性など、夢を持っているのに経済的に苦しく、そのための援助を必要としている方々。

もう一つの「夢を拓く」は女子中高生を対象にしています。次世代の女性たちが夢をかなえるためのスキルを得ることができるよう、トレーニングの機会を与えることが目的です。

また、災害があったときには、その地域への援助をしています。東日本大震災や、数年前に伊豆大島が台風の被害にあったときには、義援金を持って私も現地へうかがいました。ボランティアの意義に見合う「行動」なくして本来のご奉仕活動にはならないと考えています。現地を見て、自身が感じなければ、机上の空論になりかねません。

東日本大震災の後に視察した石巻は、かつて長唄の公演を行った地でもあります。自宅や仕事を失くしながら、他者を援助し、職場を再建するといった、多くの「頑張る女性」の姿に胸が熱くなりました。生きていくのには、覚悟と勇気が大切だと感じ入りました。在京・被災地支援会でご挨拶させていただいた折には、前を見据え、次世代へ繋げようとする方々の強い想いに共感したものでございます。次世代の子どもたちへもなにかできることがないかと考え、東日本大震災や熊本大地震では、子どもたちへ向けた奨学金も用意しました。

外国へ向けた活動をすることもあります。ベトナムのストリートチルドレンを支援したいという案が上がったときには、そこから現地のことを調べて、どこに支援したらいいかを考えました。現地で活動している日本人の方を見つけ、その方を通じて勉強して、枯葉剤の被害を受けた子どもたちのための病院を作ることもしました。ただお金を渡すだけではなく、未来へとつながるものとして支援したいと考えてのことです。

過去には、京都議定書が採択されたＣＯＰ３（地球温暖化防止京都会議）のときにも活動しています。地球温暖化が大きな問題となっていたこのとき、私たちは、紙の原料としてケナフを広め、地球環境をよくしようと、外郭団体に働きかけました。

また、ソロプチミスト日本財団全体で「社会貢献賞」や「社会ボランティア賞」などのさまざまな賞を作り、毎年選ばれた人にお贈りしています。たとえば「ドリーム賞」は、「女性や子どもたちに夢や勇気を与え、明るい未来を築くことに貢献した人」にお送りすることになっています。ここ数年では、「女性研究者賞」も作りました。研究者の世界もまだまだ男性の力の強い世界だとお話ではうかがいますが、未来のための研究を応援したいと考えています。

このように活動の内容はさまざまですが、グループとして、みなで話し合って決めていくことで、一人ではできない、さらに行政ではできないご奉仕を、細かい目配りをもってすることが私たちの役割だと考えています。

会員と例会

ソロプチミストは、日本でボランティアやＮＰＯという言葉が広まるよりもずっと前から活動している歴史ある団体です。もともと私は梅若家と古くからおつながりのある、山形の篤志家・長岡きみさまのご紹介で参加しましたが、日本中、そして世界中に会員がいて、活動を通じて全世界に交友の輪が広がりました。

会員には、四〇代から上は一〇〇歳くらいまで、さまざまな方がいらっしゃいます。原則として会員は月一回の例会に参加することになっています。ここでは、先ほどの国際組織からきたレポートに対して自分たちはどうしたらいいかを検討し合い、さらに会員が持ち寄ったそれぞれ独自の問題や、クラブの運営などについても話し合います。

決めるべきことについては審議を行います。審議はロバート議事法[6]を基本とし、最終的には多数決で決めますが、その際に、少数の意見にも耳を傾けることとされています。

私は二〇一二年から二〇一四年まで「日本東リジョンガバナー」という役を務めさせていただき、その時期はあれこれ忙しく活動しておりました。このときには、先人の作り上げてきたものを振り返って残しておきたいと考え、リメイク版「ソロプチミスト小史」をまとめました。同期のガバナーとして、千容子さまとご一緒に仕事をさせていただきました。彼女の幼少からの皇族としての教育の確かさに尊敬の念を感じ、そして伝統の家という共通の立場からもお話が通い合いました。現在でも楽しいお付き合いをさせていただいております。

6 アメリカ議会の議事規則を元に考案された議事進行規則。日本では他に、ロータリークラブ、ライオンズクラブ、青年会議所などが採用している。

多様性と問題解決能力

ソロプチミストは女性経営者の方々などが集まっている組織で、私の過ごした伝統芸能の世界とはまったく違う世界でした。会員のみなさまが、それぞれの業種で、それぞれにスキルを身につけてきている。それを間近に感じたことで、これは自分の持っているものと違う、自分も学んでいきたいと思いました。ご奉仕そのものにはいろいろな方法があっていいですし、実際にいろいろなかたちがありますが、私はこの組織に参加できてよかったと思います。

はじめのころ驚いたのは、考え方の多様性と問題解決能力です。私たちのクラブ「東京―東」だけでも多種多彩な方々がいらっしゃり、彼女たちの永年の友情による活動は、それだけで一冊の本ができるくらい、興味深く多岐にわたります。

一つの目的に対しても、みなさまの考え方やアプローチはさまざまです。たとえば、ご奉仕をするにはお金が必要ですので、それを集めるためのイベントを開きます。大きなものとしては、クリスマスにタレントの方などをお招きして、一〇〇〇人くらいの方々が集まるパーティーを行います。人を集めるため、私は知っている人にこつこつ声をかけていたのですが、ある方は「忘年会をやるならここでやって」、「同窓会をやって」などと声をかけていたのです。同じことをするのでも、私が考えているのとは違う方法があることに驚きました。

もう一つ、ヨルダンのシリア難民への支援という話題になったときのこと。日本国内ではもう使えない、たくさん余っているけれど商品にはならないカーテン生地の端切れを企業からいただき、船で発展途上国に送って、現地で製品にして売るというアイディアを出した方がいらっしゃいました。回を重ねてこのアイディアは実現し、現地の方々にはたいへん喜んでいただけました。

なにかをしようというとき、家元の家ではやはり、上の者の意見が命令となって、そのまま通りやすい。でも、ソロプチミストでは喧々諤々《けんけんがくがく》と、さまざまな意見がぶつかりあいます。年齢や社会的地位にかかわらず、会員はみな平等に意見を言うことができます。クラブの会長も毎年変わり、その職に就くことによってみな成長していきます。毎年変わるだけに不慣れな方がなることもありますが、会長という立場に敬意を払って、できるだけ補佐し、意見が通るようにと心がけています。そうされた経験を重ねることによって、次の方にもそうできる。そして自身も大きく変わることができます。このようなよい循環となるようにと願っています。

リーダーシップ

大勢の人たちの話し合いでは、一人の意見だけではなにもできません。自己満足で終わらず、人を引っ張っていくためにはどうしたらいいのでしょう。議論をどのように進め、どのように意見をまとめていけばいいのでしょうか。ソロプチミストでの活動は私にとって、リーダーシップとはどういうことなのかを感じ、考える機会になりました。なかにはわがままな方もいらっしゃいますが、そういう方をどう組織にはめていくかもまた勉強になります。

また、それまでいろいろな意見をぶつけ合っていても、実際この活動をしていこうと決まったときには一丸となって行動することができる。この行動力もすごいことだと思いました。自分がやってきたことに自信を持っている人にとって、自分を変えることはたいへんですが、それができる方々がいる。そのような方々の姿勢を目の当たりにしながら、ご奉仕を通して自分を成長させることができる。私にとって、これがいちばんの喜びとなっています。

「ご奉仕」の心

ソロプチミストでいつも言われるのは「ご奉仕させていただく」という言葉です。私もこの気持ちを常に持っています。奉仕することで自分のなかに肉がついてくる。生かされる。自分の歩んできた人生の、違う面が開かれていきます。奉仕はある種の自己研鑽だと感じています。

奉仕はしてもしなくてもいいもの。また、自己満足と呼ぶ人もいます。しかし自己満足でもよいのではないでしょうか。できるときに、できる人が、できることをするということは、本来とてもシンプルなことだと思います。

最近、「武士道」と奉仕の結びつきというお話をうかがいました。武士道では「禅」が大切にされます。「禅」とは自分を見つめること。自分を見つめることで、他者と自分の区別をつけ、他者がわかる。それによって他者を敬うことができます。そしてこの、他者を敬うことこそがご奉仕の原点です。

「魚を与えるのではなく釣り方を教えよ」という言葉がありますね。ご奉仕について考えるとき、いつもこの言葉を頭に浮かべています。目先の困難に対する援助だけではなく、その人にとってそれがどのような将来に結びつくのかが大切です。私としてはやはり、向上心をもっている方を援助したいと思います。

女性とご奉仕

ここまで読んで、自分もなにか奉仕活動をやってみようかなと思ってくださった方へ。することはなんでもいいと思います。自分の周りを眺めてできることを探し、一人でやるのがいいと思ったらそれでもいい、団体に入って何かするのもいいでしょう。

私たちのように国際的にやりたいという場合はもちろん歓迎いたします。

とくに女性の方には、一生のなかのある期間だけでも、奉仕というものを取り入れていただきたいのです。奉仕とはつまり、人に尽くすこと。このことによってぐっと視野が開け、精神的な豊かさを得ることができます。お寿司でいえばわさびのようなものです。それによって、人生の味がきゅっとしまります。

ソロプチミストでの活動は、長唄や三味線をかならず後世に伝えなければならないという私自身の気持ちを盛り立て、さきほどのＮＰＯの設立へも結びつきました。ＮＰＯの活動の根もやはり「ご奉仕」だと考えております。

私は芸の家で育ち、三味線が好きだというだけで吉住の家へ嫁いで、そこで演奏家として、そして妻として母としてという人生を送ってきました。しかし最期に人生を振り返るとしたら、それだけで終わり、ご奉仕をしなかった自分の人生よりも、いまのほうがずっと満足のいくものになると思います。

私の出演する演奏会に来てくださったソロプチミストの方々には、劇場で会ったらまるで別人のようだとよく言われます。逆にきっと、家元の家の私のほうを先に知っ

ソロプチミスト連盟大会　サンディエゴにて　日本文化のパフォーマンス

ている人にとっては、ソロプチミストでの私の姿のほうが驚きでしょう。スーツを着ている私と、黒紋付姿の私とでは、雰囲気もまったく違うようです。

何もわからず、強固なる目的意識もない一人の女性が、その時々によい出会いをさせていただき、勉強させていただいて、今日に至りました。いい出会いはさらにいい出会いに結びつくものです。さまざまな出会いに感謝しています。

私の好きな長唄研精会の曲

解説・聞き手　細谷朋子

数ある長唄のなかで私の好きな曲、そして祖父や夫が後世に伝えたいと創作した長唄研精会の名曲を、少しご紹介したいと存じます。

長唄研精会とは、一九〇二年（明治三五）、福沢諭吉の影響を受けた吉住小三郎（慈恭）と盟友稀音家浄観（稀音家六四郎）が立ち上げた組織です。彼らは従来の枠を越え、一般家庭の人々のための日本の音楽として長唄を位置付けました。また、その理念を広めるためにさまざまな普及活動を行いました。

聞き手　細谷朋子（ほそやともこ）

一九八一年千葉県市川市生まれ。立教大学文学部日本文学科卒業。同大学院文学研究科博士課程前期課程修了。二〇〇八年、長唄三味線方・松永鉄九郎師に入門。ホームページ「TEAM TETSUKURO」(http://www.tetsukuro.net/) に、長唄諸曲の解説「長唄メモ」を掲載中。著作『長唄の世界へようこそ——読んで味わう、長唄入門』（春風社）。

一　熊野

明治二十七年（一八九四）八月

作曲　三代目　杵屋六四郎

花びらが散るほどつのる、
郷里に残した母への慕情

甘泉殿《かんせんでん》の春の夜《よ》の夢　心を砕く端《はし》となり　驪山宮《りさんきう》の秋の夜《よ》の月　終りなきにしもあらず
末世一代　教主の如来も　生死《しょうし》の掟をば逃れたまはず
何とやらんこの春は　年ふり増さる朽木桜　今年ばかりの花をだに
待ちもやせじと心よわき　老《おい》の鶯逢ふことも　涙に咽《むせ》ぶばかりなり
只然るべくはよき様に申し　暫しの御暇を賜はりて　今一とたび見《まみ》えおはしませ
さなきだに親子は一世の中なるに　同じ世にだに添ひたまはずば　孝行にも外れたまふべし
老いぬれば去らぬ別れの有りといへば
老母のいたはりはさる事なれども　この春ばかりの花盛り　いかでか見捨てたまふべき
御詞《おんことば》を返すは恐れなれど　花は春あらば今に限らず
これは仇なる玉の緒の長き別れとなりやせん
只御暇《おんいとま》を賜り候へ
清水寺の鐘の声　祇園精舎を顕わし　諸行無常の声やらん
いかにせん都の春も惜しけれど　馴れし東の花や散るらん

（一部抜粋）

行方知れずになった幼子を探し求めるあまり狂女となった母が、水面に散った花びらを一心にすくい集めようとする「賤機帯《しずはたおび》」。花見客で賑わう川べり、大名から猿の皮を譲れと無理難題を押しつけられた猿曳と猿の、慈愛に満ちた絆を描く「靭猿《うつぼざる》」。長唄は、桜の花の下で生まれる数々の物語を歌ってきました。本曲「熊野《ゆや》」もまた、散りしきる桜吹雪に彩られたドラマチックな曲です。

〝熊野〟とは、平清盛の三男・宗盛《むねもり》の寵愛を受ける女性の名前。遠江国の出身で、郷里に残した老母が重い病にかかっていることを伝える文を受け取り、国へ帰りたいと宗盛に懇願します。歌詞の「甘泉殿の……」は、老母からの文の内容です。しかし、熊野と花見をするつもりの宗盛は帰郷を許しません。宗盛は清盛亡きあと平家の総帥となった人物ですが、先に亡くなった異母兄の重盛が武勇・人格ともに優れた人物と伝えられるのに対し、その愚かさばかりが強調されて伝えられています。熊野が「花は春になればまた来年も咲きますが、母の儚い命は尽きかけ、このまま永遠の別れとなるかもしれないのです」と訴えてもまるで意に介さず、「せめてこの春の桜をともに楽しもう」と、熊野を東山の花見へ連れ出します。清水寺は春爛漫の花盛り。しかし、熊野の胸は晴れません。そのとき、突然の村雨。母に会いたいという思いがつのればつのるほど、村雨に散る花びらにも不安がよぎります。舞を求められた熊野が、村雨にことよせて母を案じる思いを歌に詠むと、ついに宗盛も心を動かし、熊野の帰郷を許すのでした。

研精会の演奏会では、明治三十七年（一九〇四）以降の第二〇回から第四二回までの二年間、観客からのリクエストによる選曲を行っていたようです。本曲はこのリクエスト選曲によって複数回演奏されており、当時から人気を集めていたことがうかがえます（花垣嘉秀編『資料 長唄研精会百年史』による）。

吉住　能の「熊野」をもとに、稀音家浄観（三代目杵屋六四郎）が二十歳くらいで作った曲です。吉住慈恭と稀音家浄観は「長唄研精会」を立ち上げ、いままでの長唄とはまったく違うものを試みました。彼らの活動は一斉を風靡し、芝居や踊りから独立した長唄が確立されました。

細谷　これはそのような試みのうちの一曲です。筋立てがしっかりしていて、前に役者や踊り手がいなくても、唄と三味線だけで場面を彷彿とすることができます。歌詞もしっかりした文章です。

吉住　昔から人気があり、いまでも頻繁に演奏される曲ですね。大曲で、演奏にはかなりの技量が必要なのではないでしょうか。
調子変わりがとても多く、大変な曲ですが、唄も三味線もやりどころが多く、歌詞の筋も一貫しているところが人気なんでしょうね。「文の段」では、琴の手が入りますが、それは巻物の手紙をはらりとほどく様を表現していると言われます。それも意図して作曲したとしたらすごいですね。
とくに難しいのは、初めの「これは平宗盛なり」という名乗りの一言で、

細谷　宗盛がどういう人物であるかをすべてあらわすことと教えられました。平清盛の息子・宗盛は、平家の公達で、品のいい良家の坊っちゃんですが、目立ちたがり、嫉妬深く悋気、そういうところを名乗りだけで聴き手に理解してもらう必要があるので、演奏者は格別の表現力を求められます。『平家物語』のなかの宗盛は、他の兄弟に比べて武勇や知力ではやや見劣りする一方で、息子に深い愛情をかける人物として描かれています。この歌詞にも、愛するものに執着するという宗盛像が表れていますね。

吉住　「熊野」は、桜の咲く春を舞台にした、親子の情の曲ですね。母を思う娘の心。私は初めてこの曲を聴いたとき、自分の母のことを思い出しました。母を見送ってこの曲を弾いたときは涙が止まりませんでした。

「甘泉殿の春の夜の夢」は「拝啓」と同じ意味で、手紙の始めの部分です。そこからいろいろと説明して、ただただ帰らせてくださいというところに行き着く。「只御暇を給はり候へ」。これが「熊野」のキーワード。長唄の曲のなかにはかならずキーワードがあって、そこを理解することが、

細谷 曲の心を読み取ることにつながります。そういうところは得てして地味でつまらない節だったりするのですが。続いて、清水寺の鐘が鳴り響いているところで花が散っていくという、非常に叙情的で美しいところですね。のどかな春景色と、熊野の切実な思い。対照的な二つが、降りかかる村雨によって混然となり、物語はドラマチックに展開します。

吉住 能の「熊野」で、ある日祖父（二代目梅若実）がこの場面を演じたとき、私には本当に落ちていく桜の花びらが見えました。自分の感性と演者の感性がつながった瞬間だと思います。

細谷 想像してゾクッとしてしまいました。

吉住 熊野という女性は、歌詞のとおりにいえば病気の母親のために帰りたがっている。でも一説には遠江の国に愛しい人がいたと言う人もいます。そう解釈したほうが演者としてはやりやすい。親子だけではないほうが……。

細谷 そのような読み方をしたほうが腑に落ちる部分もありますね。歌詞の余白を自由に想像するのも、長唄の楽しみ方の一つかもしれません。

二　鳥羽の恋塚

明治三十六年（一九〇三）四月
作詞　半井桃水
作曲　四代目　吉住小三郎

互いの人生を狂わせた、
盛遠の恋と袈裟の愛

恋には人の死なぬものかは　姥御前《をばごぜ》我を殺したまふ　所詮生き難き盛遠《もりとお》は
仇人《あだびと》を討ち果たし　我も死なんとこそ思ふなれ
なら暫し待ちたまへ　さまで娘を慕ひたまはば　今宵逢はせまゐらせん
そは忝《かたじけな》き仰せなり　さらば重ねて参るべし　約束違へたまふなと　言葉残して立ち去ったり

露に宿《やど》借る月影の　有るか無きかの世の中に　はかなく物を思ふより
母《はは》と夫《つま》との命に代はり　今宵の中《うち》に亡きものと　覚悟を死出《しで》の袈裟御前《けさごぜん》
数珠なす涙おし隠し　月見の宴にことよせて　言はず語らぬ暇乞《いとまご》ひ

渡《わたる》はそれと知る由も　鳴く虫の音のしほらしき　月の風情に興そひて
この上は何がな一曲歌ひたまへと　勧むれば

別れの殊《こと》に悲しきは　親の別れ子の別れ　すぐれて実《げ》にも悲しきは　女夫《めをと》の別れなりけり
露深き　浅茅《あさぢ》が原に迷ふ身の　いとど闇路《やみぢ》に入《い》るぞ悲しき

（一部抜粋）

平安時代末期から鎌倉時代のはじめにかけて活躍した真言宗の僧・文覚《もんがく》は、俗名を遠藤盛遠《えんどうもりとお》という北面の武士でした。彼が武士の身を捨て仏門に入ったきっかけは、一人の女性への恋心。それはまるで憑きもののような、何もかもが見えなくなる激しい恋でした。

盛遠が袈裟御前《けさごぜん》に心を奪われたのは十七歳のときのこと。袈裟は盛遠の伯母・衣川の娘で、鳥羽の里に住む源渡の妻でした。袈裟への恋心にさいなまれた盛遠は、ある秋の日、ついに衣川に刃を向け、袈裟を自分に差し出すように強談します。話を聞いた袈裟は熟慮の末、自分が欲しければ夫を殺してほしいと盛遠をそそのかします。思いが叶ったと天にも昇る心地の盛遠は、袈裟と示し合わせた通り源渡の寝所を襲い、寝ている人の首を切り落としますが、月明かりに照らされた首はなんと袈裟のもの。母と夫を守るため、袈裟は盛遠の意に従うように見せかけて、夫の身代わりとなったのです。世の無常を悟った盛遠は仏門に入り、袈裟の菩提を弔ったのでした。

一体誰の心になって、この恋を読み解くべきでしょうか。袈裟にとってみれば、己の人生を狂わせた盛遠の行動は理不尽としか言いようがありません。しかし、盛遠の「恋には人の死なぬものかは」という言葉からは、理知では操ることのできない「恋」というものの底知れぬ力、そしてその恋に翻弄される盛遠の絶望さえ感じることができます。

出家を遂げた文覚は、その後諸国廻行を経て「やいばの験者」と呼ばれるほどの優れた僧となり、平家追討に関係するなど政治の舞台にも名を残しました。それでもなお『源平盛衰記』は、文覚が常に袈裟の絵姿を首に掛け、恋しいとき、悲しいときに眺め弔っていたと伝えています。

恋に人生を狂わされたのは、盛遠も同じ。そして大きく変わった人生を、盛遠は袈裟の面影とともに生きたのでした。

吉住　「熊野」は稀音家浄観一人の作曲ですが、この「鳥羽の恋塚」は吉住小三郎一人の作曲です。これは恋の唄ですね。文覚上人の若き日の逸話、袈裟と盛遠の物語。なにより、あらすじのおもしろさ。

細谷　作詞の半井桃水《なからいとうすい》も、[7] 研精会にとって重要な人物です。「恋」は人の心に強く訴えるもので、長唄のなかでも大きなテーマです。この曲は本当にドラマチックですね。私が袈裟と盛遠の物語を初めて知ったのは芥川龍之介の『袈裟と盛遠』で、この曲を知ったときにはだいぶ印象が違うなと思いました。明治大正のころは主人公を袈裟として読むことが多かったそうですが、先生はどちらが主人公だと思いますか。

吉住　長唄の手法からみたら、盛遠でしょうね。

細谷　私もそう思います。この曲のキーワードはどこでしょうか。

7　作家。新聞紙上に連載した多数の小説に加え、長唄などの作詞も行う。研精会との関わりも深く、著書に『長唄研精会の沿革』（法木書店、一九二二）。

吉住　二上りの「別れの殊に悲しきは……」の段だと思います。「すぐれて実にも悲しきは」、親子の別れより夫婦の別れの方が悲しいんだと。これは袈裟の言葉ですが、全編を貫くのは盛遠の若き日の、目もくらむほどに熱烈な恋ですね。

細谷　表面だけ読むと、なんて強引で一人よがりな男なんだと思いますが、丁寧に読んでいくと、盛遠のあまりの思いに切なくなります。

吉住　この曲は場面転換が非常によくできています。小三郎は場面転換にことさらに合いの手をつけなかったと言われています。調子を変えることで、音だけで場面転換をする。小三郎が唄うたいだからでしょうね。三味線の人と唄の人では作曲の手法が違うんです。合いの手があったほうが、三味線としては楽なのですが。

細谷　この曲も人気のある曲ですね。

吉住　やはり、とくに唄の人に人気があります。吉住[9]の家は三味線の家ではなく、唄の家。三味線は余計なことをするなと、替手も入れさせてくれません。

夫や私の代になっていろいろ入れるようになりましたが、その前は圧倒的に唄が主役で、三味線はただついていればいいという感じでしたね。そのあたりは流派によって違うところです。

9 原曲の旋律である「本手」に対し、それと合奏できるように作られた別の旋律。

細谷　唄に対して三味線は女房、前に出てはいけないと言われます。慈恭さんの言っていたことで、女房は、旦那様が「今日は暑いね」と言ったら自分は暑くなくても一応は「そうですね、暑いですね」と言わなければいけないと……。いまではありえないことだけれど。そういう意味での女房役をするのがいい三味線だと、繰り返し言われました。いかに唄い手が唄いやすいかが三味線弾きの仕事だと。

私もおさらい会のたびに「自分が弾くことに夢中になったらいけないよ、常に唄を聴きながら弾きなさい」と師匠に教えていただいています。言葉では簡単なようですが、私にはまだまだ難しいことだと感じています。

初代と二代、夢と現《うつつ》が交差する、
新時代の紀文伝

三　紀文大尽

明治四十四年（一九一一）五月
作詞　中内蝶二
作曲　四代目　吉住小三郎
　　　三代目　杵屋六四郎

［第四段］
時に正保元年《しょうほうがんねん》　霜月《しもつき》はじめつかた　続くあらしに海荒《うみあ》れて
船はものかは空翔《そらか》ける　鳥さへ通はぬ浪の上
はしらも折れよ帆も裂けよ　経帷子《きょうかたびら》に縄《なわ》だすき　命知らずの船夫《ふなこ》ども　櫓声《うごえ》合せてエッシッシ
只さへ難所と聞こえたる　遠州灘《えんしゅうなだ》を乗り切って
品川沖に現はれしは名にし紀《き》の国蜜柑船《みかんぶね》　幽霊丸《ゆうれいまる》とぞ知られける
［第五段］
積んだ蜜柑は八万五千籠《かご》　陸《くが》に運んで車に載せて　載せた車は八百五十輌《りょう》
ひけやひけひけ　神田《かんだ》の市《いち》へ
ふいご祭《まつり》の折《おり》からに　蜜柑の払底《ふってい》時を得て　一挙に握る五万両　黄金《こがね》の花咲く　実も結ぶ
初代紀文が運開《うんびら》き　幸先《さいさき》よしや（以上第五段まで夢）
［第六段］
吉原《よしわら》の里は闇《やみ》なき喜見城《きけんじょう》　いつ更《ふ》けたやら明《あ》けたやら
さいつおさへつ盃《さかずき》の　数重《かずかさ》なりし酒づかれ
無明《むみょう》の酔《えい》にとろとろと　雪のあしたの置炬燵《おきごたつ》　うたた寝の　夢の最中にまざまざと
在《あ》りし昔の面影を見るも　親子の縁《えにし》かな

（一部抜粋）

明治四十四年（一九一一）五月、長唄研精会の第九六回定期演奏会で初演された曲です。明治三十五年に立ち上げられた長唄研精会は、それまでの長唄の枠にこだわらない新しい長唄を次々と発表しました。本曲はその代表的作品で、組曲のように一曲をいくつかの段で構成したり、合間に台詞を入れたりと、西洋歌劇を強く意識したつくりになっています。吉住小三郎が後年残した著作に、本曲の成立に関する思い出話が残されています。

『紀文大尽』は伊井蓉峰がやった紀ノ国屋文左衛門の芝居を見たときに、こんなものがやってみたいと中内さんに話して書いてもらったものなのです。

（吉住慈恭『芸の心』毎日新聞社、一九七二）

題材の〝紀文大尽〟は、江戸時代の豪商・紀伊国屋文左衛門のこと。幕府御用達商人となり、当時建築ラッシュに沸いていた江戸で材木問屋として巨万の富を得た人物ですが、その伝記についてはほとんど明らかになっていません。蜜柑船による江戸進出や吉原での豪遊ぶりなどの逸話にも、出典が明らかでないものが多くあります。一説には、事業を有利に展開することを目的に、紀文自身がこれらのエピソードを積極的に広めて、江戸の人に自分の財力を印象づけていた、ともいいます。ただし本曲に登場するのは、放蕩のうちに身代を潰したといわれる二代目紀文。初代の蜜柑船の逸話は、吉原で朝寝している二代目が見た〝夢〟として紹介されます。雪の吉原で小判をまいた、という逸話も二代目の行為に設定されていますが、「泥の海」という言葉から再び初代の蜜柑船を歌った小唄を導く構成は、数々の劇作をものしてきた戯曲家・中内蝶二ならではのものといえます。

本曲発表から数年後、日本は第一次世界大戦の影響で空前の好景気を迎えます。元禄バブルの象徴的存在である紀文を歌った本曲は、多くの「成金」が生まれた大正バブルのなかで大いに流行したのでした。

吉住　この曲は二人の合作ですが、演奏しているとどちらが作曲した部分かよくわかります。三味線の人は装飾を入れて楽曲としての面白さを求め、唄の人は、伴奏をできるだけシンプルに。聴く人にとってはそれがまた面白いところです。合作の場合、基本的には前半と後半を別々に作って、後半を三味線の人が作ることが多いですね。最後の「散らし」の部分を華やかにすることが多いので。

細谷　この「紀文大尽」はとても意欲的な作品で、当時としては新しい部分がたくさんあったとうかがっています。

吉住　前弾きの嵐、一下がり（変調子）、セリフもたくさん使っています。セリフがあるからこの曲は初心者でも楽しいですね。しかもこの曲のテーマは「男性の夢」です。吉原遊廓で小判をばらまいて……。長唄では大尽にもなれるし、絶世の美女にもなれる、化物にも妖怪にもなれる。いながらにして何にでもなれるのが長唄の面白さだと、ある小説家が言っておられました。

細谷　この曲は合作だということですが、両者のバランスがすばらしいですね。

吉住　そうですね。祖父いわく、お互いに作り上げたものを持ち寄ると、ほとんどそのままで曲がつながっていたそうです。二人の相性のよさがそこからもわかります。相方というのは、性格が一緒ではいけない。浄観と小三郎も、性格や生活は対照的でした。

細谷　そういえば最近、仕事をしているときも「相手が何を考え、何をしようとしているのか」を考えられるようになりました。これは長唄という芸能に出会って学んだことだと思います。

吉住　相対してお稽古をしているとき、お弟子さんが何を求めているのか私も常に考えています。それを見極めるのが師匠のある意味での役割。本当に技術を学びたい、上達したいと思っていらしているのか、この瞬間頭をからっぽにして好きなことを楽しみたいと思っているのか、それから気分の転換のためこの時間をここで過ごそうとしているのか……。また、普段は上達したいと思っている人でも、今日はただ楽しみたいというときもありますよね。

細谷　私の師匠もそんなふうに考えていらっしゃるのでしょうか……。確かに、仕事が忙しくて余裕がないときでも、師匠の前でお稽古をしていると、思い詰めているものがなくなって落ち着いて帰れることが多いです。

吉住　お稽古を終えてお帰りになるとき、お弟子さんの顔つきがよくなるのがよくわかります。そう考えると、私たちの仕事にはお医者様のような役割もあるのかな、と思います。九〇歳くらいのおばあ様の頬が、ぽっと赤くなって……そういう表情を拝見すると、そのような時間をお与えすることができてよかったと心から思います。団体稽古ではできない、マンツーマンだからこその醍醐味ですね。

細谷　そうなんですね。師匠と呼ばれる方々が、普段のお稽古でどんなふうに考えているのか、うかがえてよかったです。私も改めて師匠の前に座りたくなりました！

時代の岐路で、
移ろう季節に消えゆく〝東京〟の面影

四　都風流

昭和二十二年（一九四七）六月
作詞　久保田万太郎
作曲　四代目　吉住小三郎
　　　二代目　稀音家浄観

これよりして　お馬返《うまがえ》しや羽織不二《はおりふじ》　ふじといへば筑波根の
川上さしてゆく船や　芦間《あしま》隠れにおもしろき
白帆《しらほ》の影の夏めきは　せんなり市《いち》の昼の雨　草市《くさいち》照らす宵の月
柳のかげに虫売りの　市松障子露くらき
露の声々聞き分けて　鉦《かね》を叩くはかねたたき　更けては秋に通ふ風

菊供養　菊の香《か》もこそ仲見世の　人波わけてうち連《つ》るる
わけて一人は年かさの　目につくあだなさしぐしも
はや時雨月《しぐれづき》しぐれ降る　べったら市《いち》の賑いも　昨日にすぎておしてるや
酉《とり》の日近き星の影
引けは九《ここの》つなぜそれを　四《よ》つといふたか吉原は
拍子木《ひょうしぎ》までが嘘をつく　さのエ

おはぐろどぶにうつる灯も　明けてあとなき霜晴れの
熊手にかかる落葉さへ　極月《ごくげつ》今日ぞ歳《とし》の市《いち》　境内埋めし　雪の傘

本曲を作詞した久保田万太郎は、戦前の東京を振り返って次のように述べています。

「菊市」のつぎは「べつたら市」、「べつたら市」のつぎは「酉の市」、「酉の市」のつぎは「年の市」である。「菊市」「べつたら市」といへば「時雨」を、「酉の市」といへば「霜夜」を、「年の市」といへば「雪」を感じるのはわれ〳〵が最後だらう。

（随筆「季感」〔『浅草風土記』角川文庫、一九五七所収〕）

この言葉の通り、本曲では富士詣・四万六千日・草市・虫売り・菊供養・べったら市・酉の市・歳の市といった行事・風物の数々が季節の情感豊かに描かれます。決して長くはない詞のなかで、東京の街はひと風ごとにその表情を変えていきます。

初演は昭和二十二年（一九四七）に帝国劇場で開催された長唄研精会・第四百回記念演奏会。作曲は四代目吉住小三郎と二代目稀音家浄観（三代目稀音家六四郎）で、明治以来、近代の長唄を牽引してきた両巨星は、この曲をもって長唄研精会を引退しました。

浅草寺で菊供養がはじまったのは明治三十一年（一八九八）のこと。ですから、この曲に描かれているのは誰も知らない遙か昔の江戸の姿ではありません。万太郎が、小三郎が、浄観が共に生きた「東京」の姿であり、それはまさにこのとき消えていこうとする時代の面影でした。生涯にわたって浅草を愛し続けた久保田万太郎の詞は、かつての東京に満ちていた夜の闇や、菊の香りに満ちた秋風の冷たさまでをも描き出します。小三郎と浄観が紡いだ囁き交わすような虫の声、もの寂しげな新内流しの音色も、今は無き街の記憶を伝えます。

昭和二十二年。東京は戦争の焦土から立ち上がり、新たな時代を駆けていこうとしていました。この歌には、がむしゃらに走るあまり、途中でふとなくしてしまった街の面影が、大切に閉じ込められているように思います。

吉住　久保田万太郎の詞に、現代的な三味線のメロディ。長唄の、戦後最大のヒット曲です。

細谷　戦後だけでなく、長唄の歴史全体を見ても名曲だと思います。

吉住　虫の鳴き声、べったら市、浅草寺の喧騒……情景が豊かに、美しく描かれています。アンサンブルもすばらしく、しかもそんなに難しくない。私も二回目のおさらい会でこの曲を弾きました。習い始めたばかりでも、これだけの曲が弾けたという喜びを味わうことができますね。

細谷　この曲を聴くと、東京はこんなに美しい街なんだと再発見できます。歌詞にはいくつもの行事を詠み込んでいるのですが、たとえば「菊供養」という行事は明治時代に始まったものです。つまりこの曲が示しているのは、江戸情緒というより、三人がリアルタイムで生きていた東京の姿なんですね。「多摩川」の「晴れて客呼ぶ鮎漁《あゆかり》が……」や「梅の栄」の「鶏《とり》が啼《な》く……」など、その時代ならではの流行や世相などを写した歌詞も、長唄の魅力の一つだと思います。

吉住　東京オリンピックでもこういう東京のよさを……。

細谷　本当にそうですね。いまどんどん東京は変わっていき、街が新しくなっていく。そのなかで、どういうものが失われているのでしょうか。「江戸」が消えたのは明治になったときではなく、戦争のときだと何かで読んだことがあります。

吉住　この曲は、研精会の歴史のなかでも大きな意味をもつものです。慈恭と浄観はこの曲で引退しました。

細谷　「都風流」という曲名も印象的ですが。

吉住　原題は「市づくし」と名付けられたと聞いています。私としては「都風流」のほうがちょっと旧《ふる》く、文化の香りがする気がします。そしておしゃれかな。「都」を「みやこ」と書くべきとの意見もあります。
江戸から明治・大正・昭和そして平成と街の雰囲気が変わっていくのは、やはり住む人々の感性の変化によるのでしょうか。よき平成の伝統として、後の世代につなげるすべがあったらすてきなのですが。

吉住小三代

細谷朋子

五　笠地蔵

昭和五十一年（一九七六）
作詞　千野喜資
作曲　六代目　吉住小三郎

歌と三味線がつむぐ、
素朴でやさしいおとぎ話

むかしむかし　ある村に　爺と婆が　住んでたとさ
爺は編笠こしらえて　町へ売りに行ったとさ　三日に一度は　行ったとさ
こどもが道で遊んでた　暮の寒い曇り空　ちらりちらちら　雪ふって
どうしたことか編笠が　一つも売れずに残ってた　一つも売れずに残ってた
とぼとぼ帰る峠道　いつしか吹雪になったとさ　六つ並んだ峠の地蔵
雪の地蔵で立っていた　地蔵様かわい　寒かろう
わが子に話すようにして　六つ並んだ地蔵様に　編笠かぶせて帰ったとさ
六台の地蔵さ　笠取ってかぶせた　爺の家はどこだ　どこだ　爺の家はどこだ
どこだ　どこだ　六台の地蔵に　笠かぶせたは　この爺だ　爺はここだ　爺はここだ
外でドッサリ　ドッサリと　もの音　はげしくしたあとは
橇ひく音が遠ざかる　外へ出て爺は　おどろいた　おどろいた
呼ばれた婆も　おどろいた　おどろいた
外にドッサリ　ドッサリと　米麦反物投げすてて　橇ひく音が遠ざかる
外へ出て爺は　おどろいた　おどろいた　呼ばれた婆もおどろいた　おどろいた
戸口に　どっさり宝物　置いて帰る人かげは　編笠つけた　笠地蔵
寒い月夜の後かげ　六つ並んだ人のかげ　爺と婆は伏しおがむ
峠を守る六地蔵　昔話に　あったそうな

ある年の大晦日のこと。心優しく貧しいおじいさんが、正月の支度をととのえるためのお金を得ようと町へ笠を売りに行きます。ところが、笠は一つも売れません。帰り道、おじいさんは峠で雪に濡れていたお地蔵様に、売り物の笠をかぶせてあげました。その夜、お米もお餅も買えないままおじいさんとお婆さんが寝ていると、どこからか不思議な物音がします。二人がそっとのぞいてみると、お地蔵様がお金やお米、お餅などを運んできていて、二人は幸せなお正月を迎えたということです——

新年の挨拶回りも少なくなり、お店はいつもと同じように営業している現代であっても、大晦日の一晩、そしてお正月には、特別な感慨を抱くことが多いのではないでしょうか。

「おじいさんが地蔵に笠をかぶせ、地蔵がそのお礼にやってくる」という内容を大筋とする「笠地蔵」の話は、全国各地に伝わっています。

地蔵の数やおじいさんの売り物など、地域によって話の細部が異なることはありますが、大晦日のできごとであることと、地蔵から金銀や米などの貴重品を恩恵として受ける点は概ね共通しているようです。おなじく大晦日のできごととして語られる「大歳の客《おおどし》」「大歳の火」、また年神信仰とも深い関わりが指摘されています。

長唄を「家庭でも親しめる音楽にしたい」と考えていた長唄研精会の新曲には、幸堂得知による「花咲爺」や半井桃水による「舌切雀」などがあり、昔話を題材にした曲も少なくありません。

数ある昔話のなかでも、怖い鬼もいじわるな隣人も出てこない「笠地蔵」はとくに優しく、温かいお話であるように思います。複雑な修辞を用いない歌詞はとても素直で、子どもにもわかりやすいことはもちろん、ひなびた物語の世界観をよく表しています。

吉住　これは私の夫である六代目吉住小三郎が作った曲です。長唄協会主催の演奏会で、各家元が与えられた詞章に曲付けをするという企画のなかで、おとぎ話を曲にしたものを作ってほしいとのオファーを受けて作曲しました。

夫がつねづね主張していたのは、「借曲」でなく「作曲」を、ということです。昔からあるフレーズをつないだものは「作曲」ではないと。ですから、たくさんの曲を作ることはできなかったのですが。彼は藝大の邦楽科で学び、指揮もできるし、ピアノやフルートも弾けました。そういう人が、前々からある長唄のフレーズを使わずに作ったところにこの曲のおもしろさはあります。三味線弾きの方がたしかにいろいろなフレーズを知っていますが、知らないほうが、このような新しいものを作り出せるということもあります。またこの曲もそうですが、コミカルなことの好きな人でしたね。

細谷　長唄を専門にしながら、同時にさまざまなことを学ばれていたのですね。

吉住　当時の藝大は音楽全般を一通り勉強できるところ。西洋音楽も含め、音楽

細谷　全般をわかっている邦楽人を育てるところだった。それが現在なくなってきてしまったのは残念です。主人はおよそ邦楽人らしくない人でした。袴を履くのも嫌いだし、ハワイが大好きで。

吉住　歌詞が凝っているというのも長唄の特徴ですが、「笠地蔵」はとても素直な歌詞ですね。

細谷　よく知られた「笠地蔵」の物語ですが、これは柳田國男の民話からとっているんですよ。

吉住　民話、昔話を元にした長唄を作る目的はなんだったんでしょうか。いまでこそ子どもたちに邦楽を聴かせる運動はさかんですが、当時、子どもたちに楽しんでもらえる曲は非常に少なかったのです。この曲には、子どもたちにも長唄に親しんでほしいという思いがこめられています。現在、私たちのＮＰＯ「三味線音楽普及の会」のパフォーマンスの折にも、頻繁に使っています。

対談を振り返って

教職のご経験を通して長唄研究の書物を著された現代では稀に見る女性、細谷さん。お会いしてその知性豊かなお人柄が過不足なく感じられました。これも日本文化を愛してくださった賜物であったなら、本当にうれしいです。

（吉住小三代）

長唄について書くときには、幾度も図書館へ足を運び、たくさんの資料に目を通します。しかしどれほど力を尽くしても、経過した時間の壁を越えられず、「あと少しが届かない」と感じることがあります。その壁を打破してくれるのは、いつも先達の皆様から直接伺う言葉の数々です。今回も、小三代先生から伺う思い出話や逸話が小三郎、浄観両師の若き日の面影を甦らせ、曲の奥行きを大きく広げてくれました。大変貴重な機会をいただき、心より感謝申し上げます。

（細谷朋子）

能大夫のお家から長唄のお家元に嫁がれた才媛

小三代さんの三味線には知的でストイックな響きがあります。他の演奏家にはない小三代さんの三味線の魅力の根源を探っていくと、その昔、一緒に染井と水道橋の舞台で拝見したお祖父様・梅若実先生の能『熊野』に思い至ります。梅若家に生まれて、芸道の厳しさも苦しさも、そしてまた無上の喜びも知り尽くした強さ、それが小三代さんをずっと支え続けてきたのではないでしょうか。

私たちの子ども時代は、親に連れられて伺う舞台の楽屋で皆、いつの間にか仲良くなったものです。子どものなかでも年長者は小さい子の面倒を見、幼い子はお兄さん、お姉さんの後をついて歩いて一緒に遊ぶうちに、見様見真似で楽屋内の規律や行儀、約束事を覚えるのです。梅若家では長姉の曙世さんが小さな子どもたちを教えたり、諭したり、丁寧に世話をしてくださって、二人の姉を持つ私も抵抗なくその輪の中に入れて頂いた覚えがあります。演能後の見所は子どもたちの遊び場、積み上げられた座布団の山を誰かが崩してはまた積み上げる、そんな大騒ぎをつぶらな瞳でじっと見つめていた小さな女の子、それがいちばん最初の小三代さんの記憶です。確か昭和二十三年、小三代さん（当時は喬子ちゃん）は八歳くらいだったでしょうか、そんなに小さいのに一目見て誰だかわかる、六郎先生の奥様をそのままそっくり幼くしたようなお姿でした。

それから六、七年経った頃、ある時楽屋で見せてくださった華やかな着物姿に息を呑み、憧憬の念を禁じ得なかったこと、それからあっという間にお嫁に行ってしまって何だかとてももったいないように思ったこと、そんなふうに小三代さんには何度も驚かされたものです。

この度『絲みち』を出版されるにあたって、いち早く原稿を読ませて頂き、懐かしい思い出や「そういうことだったのか」と合点したこと、中でも「結婚」と「三味線を思う存分弾いて暮らせる嬉しさ」がほぼイコールで結ばれているあたり、いかにも小三代さんらしいと思わず笑みがこぼれてきます。名家・吉住家を支える苦労よりも、日々大好きな三味線を弾いて、その魅力を世に広め、次世代に繋いでいく、そうした楽しさの方がずっと大きく優っている、それが小三代さんの素晴らしさと改めて心より感じ入っております。

山本東次郎（能楽師・大蔵流狂言方）

あとがき

編集の方から、「いい女」とは何かとのご質問を受けました。

もう死語になるのかもしれませんが「小股の切れ上がった女」という言葉がありました。粋で男勝りで、男を寄せ付けそうなんだけれども、寄せ付けないような。昔の男性たちは、そのような女性を「いい女」と呼んでいました。

何を「いい女」とするかは人それぞれでしょうが、私が思う「いい女」は、内面に知的なものを秘めている女性です。そして、自分なりにそれをプラクティック、研鑽している人。にじみ出てくる知性が感じられる人。自分の領分を知り、それをわきまえて行動できる人。

まずは教養がなければならないし、品もよくなければなりません。昔からの言葉に「品と色気はお金で買えない」という表現があります。品と色気は誰かに与えられるものではなく、もともと持っていたり、内側からにじみ出てきたりするものです。その人の生き様が出てくるものでしょうか。

それから多面性、多様性を持っている人。たくらみでさまざまな面を見せようとするのではなく、本人の内側の豊かさが、外へも多面的にあらわれるものです。また、わからないことにわからないと言える素直さも、女には必要です。

「理想の女」と「いい女」は違うとも思います。あらゆるタイプの女性が登場する『源氏物語』でいえば、「理想の女」は紫の上で、「いい女」は六条御息所。純粋無垢で、いい奥様で、なにもかもととのっているのが紫の上。完璧な女性です。それに対して、六条御息所には女の本性が見えます。嫉妬に狂ったり、生き霊になったりしてしまう。私はそういう人をかわいいと思います。どうがんばっても紫の上にはなれないからでしょうか。

旧い能の家に生を受け、植え替えられるように長唄の家に嫁し、妻となり母となり、持ち前の「自立したい」という意志のみで仕事として三味線に携わりました。ご縁があってご奉仕の必要性に気づき、違う世界と出会いました。

現代の女性の方々のような確固たる目的意識のために邁進してきたわけではありま

せん。ただ、折々にすばらしい方々との出会いに恵まれ、その方々のすてきな部分を素直に受け取らせていただいたことが最大の僥倖です。場面々々では必死に努力はしたのかなと、今になってみればそんな気もいたします。

残る日々も無理せず、求められることは行動しつつ、好きなお酒とともに自然体で過ごしたいものです。

本書の出版に当たりましては、春風社・専務取締役の石橋幸子様や編集の櫛谷夏帆様に多大なるご尽力を賜り、心から御礼申し上げます。そして、終始お支えくださいました同社・代表取締役の三浦衛様に謝意を表したいと存じます。

最後に、〝女性に乾杯〟！

吉住小三代（よしずみ・こさよ）

一九四〇年、能の梅若家に出生。名人五五世梅若六郎を父とする。二〇歳で長唄・吉住家の嫡子に嫁し、三味線の演奏家として活動する傍ら、NPO法人「三味線音楽普及の会」を立ち上げ理事長を務めるなど、古典芸能の普及活動にも力をそそぐ。重要無形文化財「長唄」（総合認定）保持者。

一九九一年より、女性ボランティア団体である国際ソロプチミストに参加。二〇一二年から二〇一四年には東リジョンガバナーを務める。

絲《いと》みち

二〇一七年一〇月八日 初版発行

著者 吉住小三代 よしずみ こさよ

発行者 三浦衛

発行所 春風社 *Shumpusha Publishing Co.,Ltd.*

横浜市西区紅葉ヶ丘五三 横浜市教育会館三階

〈電話〉〇四五・二六一・三一六八 〈FAX〉〇四五・二六一・三一六九

〈振替〉〇〇二〇〇・一・三七五二四

http://www.shumpu.com ☒ info@shumpu.com

装丁・レイアウト 中島衣美

印刷・製本 シナノ書籍印刷株式会社

乱丁・落丁本は送料小社負担でお取り替えいたします。

ISBN 978-4-86110-562-3 C0073 ¥1852E